#성소수자_LGBT(Q)

#성소수자_LGBT(Q)

#강병철

#백조연

#이주원

#오승재

#효록

차례

⊕용어집 **강병철** ____7

⊕성소수자에_대해_의학이_알고_있는_것들 **강병철** ____13

⊕'동성애_찬성, 반대'에_관하여 **백조연** ____45

⊕고독의_반대말 **이주원** ____71

⊕국가는_청소년_성소수자를_보호하는가 **오승재** ____97

⊕성소수자를_수용했던_붓다 **효록** ____121

용어집

강병철

왜 용어가 중요할까? 인간의 젠더에 대한 지식은 이제 막 걸음마를 뗀 수준이다. 따라서 새로운 용어들이 많을 수밖에 없고, 아직 정의되지 않은 것들이 많아 혼란스러운 경우도 있다. 더구나 누군가에게 차별적이고 상처가 될 말들을 피하는 것은 무엇보다 중요한 일이다. 그렇기에 용어를 잘 알아두면 젠더 문제를 이해하고 더 깊게 생각하는 데 큰 도움이 된다. 많은 공구들을 처음 접할 때는 헷갈리지만, 그 사용법을 익혀두면 일하기가 훨씬 쉬워지는 것과 같은 이치다. 그러니 이 용어집을 공구함 같은 것으로 보면 좋겠다. 문제에 부딪힐 때마다, 공구함을 열고 찬찬히 살펴보며 어떤 공구를 쓰면 문제를 쉽게 해결할 수 있을지 생각해보기 바란다.

무성agender 여성 또는 남성으로 구분되는 성적 정체성을 갖고 있지 않거나 혹은 그렇게 받아들여지기를 원하는 사람.

생물학적 성biological sex 출생 시 육안으로, 또는 출생 전 초음파로 생식기관의 모습을 관찰하여 정해진 성별. 유전자와 호르몬에 의해 결정되며 보통 여성과 남성으로 구분한다. '**출생 시 지정된 성**sex assigned at birth'이라고도 한다.

양성bigender 두 가지 성적 정체성을 동시에 갖거나, 또는 두 가지 사이를 오가는 사람. 이때 두 가지 성이란 여성과 남성일 수도 있고, '논바이너리'일 수도 있다.

시스젠더cis-gender 출생 시 지정된 생물학적 성과 성적 정체성이 일치하는 사람.

트랜스젠더trans-gender 출생 시 지정된 생물학적 성과 성적 정체성이 일치하지 않는 사람. 트랜스젠더 남성은 생물학적으로 여성이지만 스스로 남성이라고 느끼는 경우이며, 트랜스젠더 여성은 그와 반대의 경우다.

커밍아웃coming out 트랜스젠더인 사람이 스스로 다른 사람들에게 자신의 성적 정체성을 밝히고 설명하는 것.

성적 이분법gender binary 성적 정체성을 연속적인 스펙트럼으로 존재하는 것으로 생각지 않고 출생 시 지정된 성을 근거로 하여 여성과 남성으로 엄격히 구분된다고 생각하는 태도.

성적 순응gender conforming 옷이나 장신구, 행동, 언어 등 성적 표현gender expression이 사회적, 문화적 규범과 일치한다고 생각하는 것. 즉, 남성은 남성적이고 여성은 여성적인 것. 시스젠더라고 항상 성적 순응적인 것은 아니며, 트랜스젠더라고 항상 성적 비순응적인 것도 아니다.

성적 불쾌감gender dysphoria 정신 질환의 진단에 있어서 매우 권위 있는 지침서인《정신질환 진단 및 통계 편람Diagnostic and Statistical Manual of Mental Disorders, DSM》의 가장 최근 버전인 제5판에서 트랜스젠더에 붙인 진단명. 트랜스젠더는 질병, 특히 정신병이 아니므로 차별적인 조치라는 원칙론과 트랜스젠더인 사람에게 필요한 의료 서비스를 제공하기 위해서는 진단명이 필요하다는 현실론이 대립하고 있다.

성적 표현gender expression 옷이나 장신구, 머리 모양, 화장, 행동, 언어 등 외관상 나타나는 젠더에 관련된 특징들. 여성적feminine, 남성적masculine, 중성적androgynous으로 구분한다.

성적 유동성gender fluidity 어떤 사람의 성적 정체성이나 성적 표현이 여성성과 남성성, 또는 그 사이 어느 지점에 고정되지 않고 시간에 따라 바뀌는 현상.

성적 정체성gender identity 마음속 깊은 곳에서 자신의 성별에 대해 느끼는 내적 감각. 생물학적 성과 일치하는 경우에 시스젠더, 일치하지 않는 경우에 트랜스젠더라고 한다.

성별 표식자gender marker 신분증명서(출생증명서, 주민등록증, 운전면허증, 여권 등)에 기재된 성별. 현재는 트랜스젠더라 하더라도 생물학적 성에 따라 표기되고 있으며, 일반적으로 남녀 외에 다른 성을 인정하지 않으나 2017년 10월 미국 캘리포니아 주에서 중성 표기를 합법화한 바 있다.

성적 중립gender neutral 무엇인가를 지칭할 때 성적 구분 없이 기술하는 행위. 예를 들어 '남성복' '여성복'이라고 하는 대신 '의복'이나 '옷'이라고 한다든지, 화장실이나 탈의실에 남녀 구분을 없애는 등 트랜스젠더의 권리를 보장해주는 것을 말한다. 언어에 있어서도 여성, 남성 대신 '사람'으로 지칭함으로써 성적 중립성을 지향할 수 있다.

젠더퀴어genderqueer 이분법으로 구분할 수 없는 트랜스젠더. 즉 성적 정체성이 남녀로 구별되지 않고 그 중간 어디쯤이거나, 남녀가 섞여 있거나, 혹은 아예 구분을 뛰어넘는 사람을 말한다.

간성間性, intersex 생물학적 특징상 성별 구분이 모호한 경우를 통칭하는 말. 인체의 자연적 변이와, 염색체나 호르몬에 문제가 생긴 경우를 포괄하여 지칭한다. 과거에 사용했던 '남녀한몸증hermaphroditism'이라는 용어는 부정확하고 차별적이라 하여 현재는 잘 쓰지 않는다.

LGBT(Q) '레즈비언lesbian' '게이gay' '양성애자bisexual'
'트랜스젠더transgender' '퀴어queer'의 머리글자를 딴 말로, 특정
개인을 가리키기도 하고 공동체를 가리키기도 한다. 마지막의 'Q'는
'questioning(자신의 성적 정체성을 탐구 중)'의 머리글자로 보기도 한다.

전환transition 호르몬 치료나 수술 등 의학적인 방법을 통해 자신의 정체성과
일치하는 외모나 신체를 갖는 과정. 대부분 장기적으로 진행되며, 신체적인
면뿐만 아니라 심리적, 사회적인 지지가 필요하다.

미묘한 차별microaggression 성소수자뿐만 아니라 모든 소수자에 대한
일상적이고 개인적인 차원의 차별적 언어나 행동. 비의도적인 경우가 많다.
흑형, 호모, 꿀벅지, 홍어 등의 지시어나 '여자가 말이야…' '넌 이번 방학에
성형 안 하냐?' 따위의 말은 설사 나쁜 의도로 쓴 것이 아니라 하더라도 듣는
사람에 따라 불쾌할 수 있으며 차별적으로 해석될 여지가 있다.

논바이너리non-binary 성적 정체성이나 성적 표현이 생물학적 성별에 따라
남성과 여성의 이분법으로 엄격히 구분된다는 개념을 거부하는 사람. 성적
정체성을 하나의 연속선 또는 스펙트럼으로 파악하여, 자신의 정체성을
'무성agender' '양성bigender' '젠더퀴어genderqueer' '성적 유동성gender fluidity'
'범성(팬젠더)pangender' 등으로 규정한다.

범성(팬젠더)pangender 자신의 성적 정체성 속에 모든 종류의 성이
존재한다고 느끼는 사람.

성적 지향sexual orientation 사춘기에 접어들어 누군가에게 끌리는
느낌(정서적, 심리적, 신체적, 성적으로)이 들 때 동성에게 끌리는지,
이성에게 끌리는지, 아니면 양성 모두에게 끌리거나 혹은 성적 고려가 없는지
등을 가리키는 말.

사회적 전환social transition 트랜스젠더인 사람이 자신의 성적 정체성에 맞춰 사회적 삶을 바꿔가는 과정. 주변 사람들에게 자신의 성적 정체성을 알리고 성적 표현을 변화시키는 과정을 포함한다. 사회의 인정과 지지가 절대적으로 필요하다.

#성소수자에_대해_의학이_알고_있는_것들

#강병철

소아과 전문의, 작가, 번역가

#

군軍 내의 동성애를 두고 말들이 많습니다. 성소수자인 육군 대위가 근무시간 외에 사적인 공간에서 동성과 합의된 성관계를 가졌지만, 그 이유로 유죄를 선고받았기 때문입니다. 논쟁적인 사건이 벌어졌을 때 사회는 성숙의 기회를 맞습니다. 논쟁을 계기로 다양한 목소리가 표출되고, 담론과 성찰이 뒤따르고, 구성원들의 공감과 합의가 이루어지고, 마침내 그 방향으로 한 발짝을 떼어놓는 것이 곧 사회의 발전입니다.

논쟁적인 사건은 우리에게 드물지 않습니다. 아니, 다른 어떤 사회보다도 훨씬 많았을 겁니다. 가까이만 보더라도 광우병 파동, 천안함 피격, 4대강 정비 사업, 세월호 참사, 가습기 살균제, 강남역 살인, 구의역 사고, 사드 배치, 미세먼지 등 일어나지 않았어야 하지만 일어난 다음에는 결코 그냥 흘려보낼 수 없는 일이 한둘이 아니지요. 그때마다 논쟁도

치열했습니다. 우리는 무엇을 얻었나요? 논쟁의 치열함이
담론과 성찰과 공감과 합의와 변화와 성숙으로 이어졌습니까?
혹 소모와 갈등과 반목과 상처만 남긴 것은 아닐까요?

　　이번에도 논쟁은 "항문성교"라는 자극적인 표현에
집중되는 것 같습니다. '성소수자를 어떻게 볼 것이냐'라는
진지한 목소리는 너무 작아서 잘 들리지 않습니다. 많은
사람들이 아예 신경조차 쓰지 않지요. 성소수자는 그야말로
'소수'이기 때문입니다. 먹고사느라 바쁜데 눈에 잘 띄지도
않는 '소수'의 문제까지 신경 쓰고 살 여유가 어디 있느냐는
거죠. 하지만 이 문제는 생각보다 훨씬 중요합니다. 깊은
차원에서, 우리의 가장 근본적인 두 가지 존재 양태와
밀접하게 연관돼 있기 때문입니다.

　　인간은 실존적인 존재이자 사회적인 존재입니다. 성性은
개인의 정체성을 규정하는 가장 기본적인 요소입니다.
"당신은 누구입니까?"라는 질문을 받았다면 어떻게 대답할
건가요? 국적이나 이름, 직업은 물론 중요합니다. 하지만
가만히 생각해보면 모두 이차적인 것에 불과합니다. 국적을
바꾸고, 이름을 바꾸고, 직업을 바꿔도 '나'라는 사람은
변하지 않습니다. 하지만 성별이 바뀐다면 나는 이전의 나일
수 없습니다. 호모사피엔스라는 동물 종種에 속한다는 사실
말고 나라는 인간을 규정할 때 성별에 필적할 만한 것은

없습니다. 성에 대해 살펴보는 것은 '인간이란 무엇인가? 나는
누구인가?'라는 의문에 대답하는 열쇠입니다. '성소수자를
어떻게 볼 것이냐'라는 질문이 실존적으로 중요한 이유입니다.

우리는 사회를 이루어 살아가는 동물입니다. 서로
도와 안전을 도모하고, 힘을 합쳐 혼자서는 할 수 없는 일을
해냅니다. 사회의 도움을 받아 홀로서기를 하고, 홀로 선
후에는 다시 사회에 공헌하는 데서 삶의 보람을 찾습니다. 한
사람은 만인을 위해, 만인은 한 사람을 위해 존재하는 것이
인간과 사회입니다. 어떤 사회의 수준은 주로 후자의 수준에서
드러납니다. 소수자나 약자가 소수라는 이유로, 또는 약하다는
이유로 무시당하거나 희생을 강요받거나 핍박받는다면
성숙하지 못한 사회입니다. 소수자가 차별받는 사회에서
다수자는 곧 차별을 자행하는 입장에 서게 되기 때문에 도덕적
타락을 면할 수 없습니다. '성소수자를 어떻게 볼 것이냐'라는
질문이 사회적으로 중요한 이유입니다.

사실 성에 대한 과학적 이해는 급격한 변화를 겪고 있는
중입니다. 생물학, 유전학, 의학이 발달하면서 그간 알지
못했던 새로운 사실이 속속 밝혀지고 있기 때문입니다. 성이
인간을 규정하는 가장 기본적인 요소인 만큼 이런 사실을
알고 받아들이기란 결코 쉽지 않습니다. 새로운 개념들이
등장하기 때문에 그 자체로도 약간 어려운 부분이 있지만

무엇보다 인간과 세계에 대해 그간 지녀왔던 시각을 어느 정도 수정해야 하기 때문입니다. 우리는 인간이기 이전에 동물이기에 낯선 것에 본능적으로 거부감을 갖거든요. 따라서 무엇보다 열린 마음과 약간의 용기가 필요합니다. 이 글은 과학이 인간의 성에 대해 밝혀내고 있는 것들을 알려드리기 위해 쓴 것입니다. 이 분야에 대한 글들이 대개 어렵고 혼란스럽습니다. 이 글에서는 많은 사람이 쉽게 읽을 수 있도록 복잡한 설명은 피하고 기본적인 개념을 전달하는 데 집중하고자 합니다.

1. 네 가지 기본 영역

(1) 생물학적 성

일단 성性이 무엇이냐는 질문에 답해야겠지요. 누구나 알듯 성은 여성과 남성, 이렇게 둘로 구분합니다. 이런 구분에는 출생 시 해부학적 특징, 즉 눈으로 보아 성기의 모양과 구조가 다르다는 것이 절대적입니다. 또한 사춘기에 나타나는 2차 성징으로 구분하는데, 남성은 수염이 나고 목소리가 낮아지며 근육이 발달하고, 여성은 가슴이 나오고 골반이 커지며 피부가 부드러워지는 특징이 있지요. 이런 특징은 유전자에 의해 정해집니다. 기초적인

생물학을 복습하자면 인간의 염색체는 46개입니다. 그중
44개는 상염색체(보통염색체)이고, 2개는 성을 결정하는
성염색체입니다. 성염색체가 XX면 여성, XY면 남성이 된다고
배운 기억이 나지요? 하지만 염색체(유전자)는 설계도일
뿐입니다. 설계도에 따라 몸을 만드는 것은 호르몬의
작용입니다. 예를 들어 남성호르몬에 반응하지 않는 희귀한
질환을 타고난 사람은 XY염색체를 지니고 있지만 외형상
여성이 됩니다.

　이렇게 유전자나 호르몬에 의해 정해지는 성별을
생물학적 성biological sex이라고 합니다. 요즘은 **출생 시
지정된 성**sex assigned at birth이라는 표현도 자주 사용합니다.
의사가 산모에게 "축하합니다, 딸입니다!" 하는 모습을
떠올리면 되겠습니다. 이 글에서는 짧고 간결한 '생물학적
성'이란 용어를 쓰겠습니다. 한편 염색체나 호르몬에 뭔가
문제가 생기면 생물학적으로 성별 구분이 모호해지는
수가 있는데, 이를 **간성**間性, intersex이라고 합니다. 예전에는
'남녀한몸증hermaphroditism'이라고 했는데 부정확하고 차별적인
용어라고 하여 현재는 거의 쓰지 않습니다.

(2) 성적 정체성

요즘 가장 뜨거운 이슈는 자신의 성별을 생물학적

성별과 다르게 느끼는 사람이 있다는 사실입니다. 분명히 여자아이인데 자기는 남성이라고 느끼는 경우가 있고, 그 반대인 경우도 있습니다. 이렇게 스스로 느끼는 자신의 성별을 **성적 정체성**gender identity이라고 합니다. 결국 생물학적 성과 성적 정체성이 일치하는 사람과 일치하지 않는 사람이 있다는 뜻입니다. 물론 대부분 여자아이는 자신을 여성이라고 느끼며, 남자아이는 자신을 남성이라고 느낍니다. 생물학적 성과 성적 정체성이 일치하는 거죠. 이런 경우를 **시스젠더**cis-gender라고 합니다. 반대로 여자아이가 자신을 남성이라고 느끼거나, 남자아이가 자신을 여성이라고 느끼는 경우, 즉 생물학적 성과 성적 정체성이 일치하지 않는 경우를 **트랜스젠더**trans-gender라고 합니다. 왜 자꾸 "아이"라고 하느냐고요? 성적 정체성이, 비교적 이른 나이인 3~4세경에 나타나기 때문입니다.

　　잠깐 용어를 짚고 넘어가야겠네요. 우리말로는 그냥 '성'이라고 하지만 영어로는 'sex'와 'gender'를 구분해서 씁니다. 항상 그런 것은 아니지만 보통 sex는 생물학적 성을 가리키거나 성적 행위와 연관된 것들을 지칭할 때 씁니다. 한편, gender는 성적 정체성이나 사회적 역할을 이야기할 때 씁니다. 우리나라에서도 페미니즘이나 성소수자에 대한 사회적 관심과 논의가 늘고 있기 때문에 적절한 번역어를 찾든지 새로운 용어를 마련해야 할 것입니다. 지금처럼

'페미니즘' '젠더'라는 용어를 그냥 사용하는 것은 바람직하지 않습니다. 언어는 사고를 담는 그릇이지만, 거꾸로 사고를 제한하기도 하니까요.

또 하나 주의할 것은 트랜스젠더라는 말입니다. 우리는 보통 **여성이었다가 수술을 받고 외모나 신체 구조상 남성이 된 사람 또는 반대의 경우를 트랜스젠더라고 하지만, 사실은 틀린 표현**입니다. 다시 말하지만 트랜스젠더는 생물학적 성과 성적 정체성이 일치하지 않는 사람을 가리키는 말입니다. "시스cis-"와 "트랜스trans-"라는 접두사는 라틴어에서 유래했습니다. 뜻은 각각 '이쪽'과 '건너 쪽'입니다. 주로 유기화합물의 구조를 지칭할 때 쓰였는데 최근 성적 정체성 논의가 활발해지면서 빌려 온 것입니다. 그러니까 생물학적 성과 성적 정체성이 같은 쪽에 있으면 "시스", 반대쪽에 있으면 "트랜스"라고 하는 겁니다. 그럼 신체 구조가 바뀐 사람은 뭐라고 할까요? 트랜스젠더 중에는 스스로 여성이라고 생각하지만 남성의 몸을 갖고 있어도, 혹은 반대의 경우라도 괜찮다고 느끼는 사람이 있습니다. 하지만 대부분 자신의 정체성과 일치하는 외모나 신체를 갖고 싶어 하지요. 그래서 호르몬 치료나 수술을 받기도 하는데, 그 과정을 **전환**transition이라고 합니다. 따라서 의학적인 방법으로 신체 구조가 바뀐 사람은 **성전환자**라고 하면 됩니다.

(3) 성적 표현

성적 표현gender expression이란 옷이나 장신구, 행동, 언어 등
외관상 나타나는 젠더에 관련된 특징들을 말합니다. 예를 들어
여자아이가 '스파이더맨' 옷을 입고 쌍절곤을 휘두른다거나,
남자아이가 화장을 하고 드레스를 입는다거나 하면 생물학적
성과 성적 표현이 일치하지 않는다고 합니다. **여성적**feminine과
남성적masculine으로 구분하는데 역시 중간 형태가 있겠지요?
그건 **중성적**androgynous이라고 합니다. 어떤 복장, 어떤 행동을
여성적 또는 남성적이라고 볼 것인지는 당연히 지역과
문화에 크게 영향을 받습니다. 대부분의 국가에서는 치마를
입는 것을 여성적인 특징으로 생각하지만 스코틀랜드처럼
남성이 전통적으로 치마를 입는 곳도 있지요. 보통 여성이
남성적 행동을 하는 건 "선머슴" 같다고 해서 다소 너그럽게
받아들이지만, 남성이 여성적 행동을 하면 "기생오라비"
같다고 해서 좋지 않게 생각합니다. 어릴 적에는 크게 문제가
되지 않지만 성인 여성이 남성용 정장을 입고 다니거나,
성인 남성이 머리를 길게 기르고 화장을 하고 스커트를 입고
하이힐을 신고 다닌다면 이상한 눈초리를 받게 되는 것이
현실입니다.

(4) 성적 지향

생물학적 성이 어떻든 성적 정체성이 어떻든지 간에 대개 사춘기가 되면 누군가에게 성적으로 끌리게 됩니다. 이것을 **성적 지향**sexual orientation이라고 합니다. 영어로 'gender'라고 하지 않고 'sex'란 용어를 썼지요? 성적 행위와 관련된 주제라는 뜻입니다. 동성애 이야기가 바로 여기서 나옵니다. 대부분 이성을 사랑하게 되지만, 동성에게 끌리는 경우도 있지요. 각각 **이성애자**heterosexual, **동성애자**heterosexual라고 합니다. 남성 동성애자를 **게이**gay, 여성 동성애자를 **레즈비언**lesbian이라고 하는 건 많이 알려져 있지요? 한편 남성과 여성에게 모두 끌리는 경우는 **양성애자**bisexual, 어느 쪽에도 끌리지 않는 경우는 **무성애자**asexual라고 합니다. 요즘은 **LGBT(Q)**라는 약자도 많이 씁니다. 'lesbian, gay, bisexual, transgender, queer'의 머리글자를 딴 말로 '레즈비언, 게이, 양성애자, 트랜스젠더, 퀴어'라는 뜻입니다. 써놓고 보니 너무 많은 용어가 우리말화되지 않았다는 사실이 새삼스럽네요. '퀴어'라는 단어는 나중에 설명할게요.

2. 불일치

네 가지 기본 영역을 다시 떠올려봅시다. 생물학적 성, 성적 정체성, 성적 표현, 성적 지향이 모두 이해가 되시나요?

이제 정말 중요한 점을 살펴볼 차례입니다. **각 영역들은
독립적**이라는 겁니다. 연결시켜서 생각하면 안 됩니다. 어떤
영역끼리도 서로 일치하지 않을 수 있습니다. 생물학적으로
여성으로 태어난 사람이 자신은 남성이라고 느낀다면 일단
트랜스젠더지요. 그런데 이 사람은 자라서 남성을 사랑할
수도 있고, 여성을 사랑할 수도 있습니다. 성적 정체성과 성적
지향은 별개의 문제니까요. 네 가지 기본 영역마다 여성과
남성이 존재하니까 경우의 수는 $2 \times 2 \times 2 \times 2 = 16$가지 유형이
나오겠지요. 물론 중간인 사람도 있습니다. 생물학적으로
간성이거나, 성적 표현이 중성적이거나, 성적 지향이 양성애자
또는 무성애자인 경우 말입니다. 그러니 경우의 수는 더
늘어납니다.

　예를 들어봅시다. 생물학적으로 남성으로 태어난
사람이 있습니다. 여성적으로 꾸미고 다니는 걸 좋아하고,
말도 행동도 얌전해서 어려서는 어딜 가든 항상 사람들이
여자아이라고 생각했습니다. 성장해서도 머리를 길게 기르고,
"여성스러운" 귀걸이를 하고, 립스틱을 비롯한 색조 화장을
하고, 치마를 입고, 스타킹에 하이힐을 신고 다닙니다. 하지만
스스로는 남성이라고 생각합니다. 정리하면 생물학적으로는
남성, 성적 정체성도 남성, 성적 표현은 여성인 셈입니다.
그럼 이 사람은 남성을 사랑하게 될까요, 여성을 사랑하게

될까요? **모릅니다**. 성적 지향은 독립적이므로 연결시켜 생각할
수 없습니다. 이런 분들 중에는 이성애자로 여성과 결혼해서
자식을 낳고 사는 분도 있고, 동성애자로 남성과 파트너가
되어 사는 분도 있습니다.

가장 혼동하기 쉬운 것이 성적 정체성과 성적 지향입니다.
생물학적으로 여성으로 태어난 사람이 자신은 남성이라고
인식한 결과 여성을 사랑하게 되어 동성애자(레즈비언)가
된다고 생각할 수 있는데 그렇지 않습니다. 성적 정체성은
자신에 관한 인식입니다. 대개 아주 일찍 생겨납니다. 보통
3세 전후로 생긴다고 하는데, 18개월부터 성적 정체성을
강하게 인식한 사람의 경우도 있습니다. 반면 성적 지향은
사춘기에 접어들어, 소위 사랑에 빠지는 나이에 생깁니다.
트랜스젠더인지 시스젠더인지는 아주 어려서부터 알 수
있지만, 동성애자인지 이성애자인지는 사춘기가 되어봐야
알 수 있다는 뜻입니다. 세 살배기가 트랜스젠더라고 하면
사람들은 아주 불쾌하게 생각합니다. '젠더'를 '섹스(정확하게는
섹슈얼리티)'와 혼동하기 때문입니다. 세 살배기가
트랜스젠더라는 말은 '자기가 여자인지 남자인지 안다'는 말과
조금도 다르지 않습니다. 뒤집어 생각해보세요. 세 살이나
됐는데 자기가 여자인지 남자인지 모르는 아이도 있나요?

사실 세 살배기가 트랜스젠더일 수 있다는 사실을

인식하는 것은 매우 중요합니다. 여기서 시를 한 수
읊어보겠습니다.

> 내가 그의 이름을 불러주기 전에는 그는 다만 하나의 몸짓에
> 지나지 않았다.
> 내가 그의 이름을 불러주었을 때 그는 나에게로 와서 꽃이
> 되었다…

잘 알려진 김춘수 시인의 〈꽃〉이라는 시입니다.
이름은 곧 존재입니다. 이름이 없다면 그것은 없는 것이나
마찬가지입니다. 대부분의 사람이 인식하지 못하는 것, 알지만
모르는 척하는 것은 더욱 그렇습니다. 아무리 채찍질이
혹독해도 그것을 '인종차별'이라고 규정하지 않았다면,
'흑인민권운동Black Power'이나' 검은 것은 아름답다Black is
Beautiful'는 '이름'을 붙이지 않았다면, 미국계 아프리카인들은
지금과 같은 지위를 획득하지 못했을 겁니다(물론
아직도 갈 길이 멉니다). '페미니즘' '여성혐오' 같은 이름도
마찬가지입니다(역시 갈 길이 멉니다). 정의하고 명명하지 않으면
문제를 제기할 수조차 없는 것입니다.
　　자신이 여성이라는 인식을 가지고 남성의 몸으로
살아간다는 것은, 또는 그 반대 상황은 당사자에게는 매우

고통스럽습니다. 시스젠더인 사람이 트랜스젠더인 사람을
정확히 이해할 수는 없겠지만, 어느 날 잠에서 깨어나
보니 자기 몸의 성이 반대로 바뀌어 있다고 생각해보세요.
뭔가 잘못되었다는, 약간 잘못된 정도가 아니라 완전히
뒤바뀌어버렸다는 느낌으로 살아가야 하는 겁니다.
그것만으로도 힘든데 주변에서는 매일, 매순간 자신에게 맞지
않는 태도와 행동을 기대합니다. 어느 날 견디다 못한 아이가
엄마에게 말합니다. "엄마, 사실 나는 여자아이예요." 엄마는
참 재미있는 농담이라고 생각합니다. 그러나 그런 일이 하루,
이틀, 한 달, 두 달, 마침내 1년 넘게 반복되면 아이가 무언가
고통스러운 일에 시달린다는 사실을 눈치챕니다. 하지만
엄마도 아빠도 그 고통이 무엇인지, 어떻게 받아들여야 할지
모릅니다. 알지 못하니 해결해줄 수도 없습니다. 아이도
부모도 당황스러울 뿐입니다. 그냥 크면서 좋아지려니, 하는
수밖에 다른 도리가 없습니다. 그러면 어떻게 될까요?

　　트랜스젠더인 아이들은 성장하면서 필연적으로 어려움을
겪습니다. 학교에서 왕따에 시달리는 것이 다반사입니다.
사춘기라는 질풍노도의 시기에는 약물에 빠져들거나, 폭력
등 비행을 저지르거나, 가족에게 버림받고 살기 위해 몸을
파는 일도 흔합니다. 성인이 되어도 삶은 비참합니다. 사회
자체가 여성과 남성이라는 이분법으로 구성되어 있기 때문에

순간순간이 고통입니다. 예를 들어 트랜스젠더인 사람들은 화장실에 갈 때마다 말할 수 없는 괴로움을 겪는다고 합니다. 자기는 분명 여성이기 때문에 남자 화장실에 들어가기가 너무 싫은데, 몸은 남성이니 여자 화장실에 들어갈 수도 없는 겁니다. 삶이 고통스럽고 적응도 힘들기 때문에 우울증, 불안 등 정신적인 문제를 겪는 빈도가 높습니다. 자살률 또한 트랜스젠더가 아닌 경우의 9~10배에 이릅니다.

도대체 아이가 왜 이런 말을 하는지, 그 말을 믿어야 할지, 믿는다면 어떻게 해주어야 할지 아무것도 모르는 상태라면 이들을 '트랜스젠더'라고 명명해주는 게 어떨까요? 그 순간, 해결의 길이 열립니다. 그것이 질병이나 비도덕이 아니라 정상적인 인간의 존재 방식 중 하나라는 사실을 깨닫는 순간 희망의 불빛이 반짝 켜집니다. "트랜스젠더"라는 이름을 불러주기 전에는 다만 고통에 지나지 않았던 것이 이름을 불러주었을 때 비로소 꽃이 되는 겁니다. 이제 부모는 아이가 겪는 문제가 무엇인지 이해하게 되었습니다. 희망의 불꽃이 켜진 순간, 그때부터는 어떻게 해야 할까요?

3. 진정한 자신을 찾아가는 과정: 젠더 확정[1]

젠더 확정에 관한 내용은 주로 미국의 이야기입니다. 트랜스젠더에 대한 인식과 대응이 가장 앞선 나라이기 때문입니다. 이 문제를 전문적으로 다루는 의료인들이 있으며, 성공적인 삶을 살다 나이가 상당히 들어서 성전환 과정을 거친 사람들이 테드TED에 나가 강연도 했습니다. 하지만 미국에서조차 일반 대중의 인식은 아직 매우 낮은 것이 현실입니다. 그동안 제한적인 매체를 통해 정보가 전달돼왔을 뿐입니다. 그러나 작년 초《내셔널지오그래픽》에서 이 문제를 커버스토리로 다루고, 유명 언론인 케이티 커릭Katie Couric이 〈젠더 혁명Gender Revolution〉이라는 다큐멘터리를 발표하면서 국면이 급속도로 바뀌고 있습니다. 이 다큐멘터리는 젠더 문제에 관심이 있다면 반드시 보아야 할 자료인데 유튜브YouTube에 올라와 있습니다. 어쨌든 미국 이야기를 쓰는 이유는 아직 이 문제에 대한 인식이 높지 않은 한국에 참고가 되었으면 하는 뜻과 함께, 사회가 과학에 의해 밝혀진 진실을

---

[1]   gender affirming. 'affirming'이란 말은 전환 수술의 맥락에서는 성을 '확정'한다는 뜻이기도 하지만, 사회 전체의 성적 다양성과 개인의 성적 정체성, 표현, 지향을 '확고히 지지'한다는 뜻으로 더 많이 쓰인다. 한국에서는 인칭대명사의 쓰임새가 두드러지지 않지만, 'he'와 'she'를 엄격하게 구분하는 영어권에서는 'affirming pronouns'라 하여 생물학적 성에 관계없이 자신이 원하는 인칭대명사로 불러주자는 운동을 벌이고 있기도 하다.

받아들이고 개인의 권리를 존중하며 해결 과정을 고민하는
과정이 시사하는 바가 많기 때문입니다.

아이가 자신의 성을 부정할 때 부모는 당연히 혼란과
좌절에 휩싸입니다. 어느 부모인들 그런 사실을 편하게
받아들일 수 있을까요? 그러나 트랜스젠더가 무엇인지
알고, 자녀가 트랜스젠더라는 사실을 받아들이고 나면
대부분의 부모들은 아이가 진정한 자신을 찾아갈 수 있도록
아이와 함께 긴 여정을 시작합니다. 이 과정에는 의사와
심리상담자, 학교 선생님과 친구들, 나아가 사회의 이해와
도움이 절대적으로 필요합니다. 모든 소수자 문제가 그렇듯
가장 중요한 것은 당사자가 느끼는 감정과 인식을 존중하는
것입니다. 생물학적으로 남자아이라고 해도 성적 정체성은
여자여서 여자아이들이 입는 옷을 입고, 여자아이들이 하는
놀이를 하고, 여자아이의 이름으로 불리고 싶어 한다면
그렇게 해주어야 한다는 뜻입니다. 이 과정을 생물학적(신체적)
전환과 대비되는 개념으로 **사회적 전환**social transition이라고
합니다. 자기 스스로 새로운 성적 역할에 익숙해지면서 주변
사람들에게도 받아들일 수 있는 시간적 여유를 주는 겁니다.
아직도 많은 사람들이 트랜스젠더를 무언가 문제가 있는
존재로 바라봅니다. 사실 트랜스젠더로서 겪는 어려움의
대부분은 이해하지 못하고 받아들여주지 않는 사회의

문제입니다. 사춘기 전까지는 주된 인간관계가 가정과 학교로 제한적이므로, 부모가 충분한 교육을 받고 학교에서 선생님과 친구들이 이해하고 인정해준다면 큰 문제 없이 지낼 수 있습니다.

사춘기가 시작되어 자신의 성적 정체성과 맞지 않는 신체 변화가 진행되면 심리적으로 큰 충격을 받게 됩니다. 유방이 나오거나 목소리가 낮아지는 등의 변화는 한번 시작되면 되돌릴 수도 없습니다. 따라서 사춘기까지 아이의 성적 정체성이 유지된다면 일단 호르몬 주사를 사용하여 사춘기를 늦출 필요가 있습니다. **생물학적 전환**biological transition 과정을 바로 시작하지 않는 것은 사춘기를 거치면서 성적 정체성이 변하거나 성별 전환 방법에 대해 다른 결정을 내릴 수 있기 때문입니다. 사춘기를 늦추는 호르몬은 끊으면 효과가 사라집니다. 사춘기가 끝날 때쯤까지도 성적 정체성이 유지된다면 이제는 신체를 성적 정체성과 일치시키기 위해 성호르몬을 써서 원하는 방향으로 사춘기를 일으킵니다. 이때 생식능력을 잃어버릴 수 있으므로 나중에 자녀를 갖고 싶을 때를 대비해 정자은행을 이용하거나 난자를 냉동시킵니다. 성인이 되어 신체를 성적 정체성과 더욱 일치시키고 싶다면 젠더 확정 수술을 받기도 합니다.

"사춘기까지 또는 사춘기가 끝날 때쯤까지도 성적

정체성이 유지된다면"이라고 말한 까닭은 두 가지입니다. 첫째, 성적 정체성은 어린 나이에 발현되기 때문에 아이가 다른 성이 되고 싶다고 얘기했을 때(물론 그 말을 존중해주어야 하지만), 그게 정확히 무슨 뜻인지 알고 하는 말인지 확인해야 합니다. 남자아이가 드레스를 입고 공주 역할을 하는 것을 좋아한다거나, 여자아이가 머리를 짧게 깎고 모든 면에서 선머슴처럼 굴 때 그것이 진정한 성적 정체성인지 성적 표현의 취향인지 정확하게 할 필요가 있습니다. 따라서 그런 경향이 "지속적으로, 일관성 있고, 강력하게persistent, consistent, and insistent" 유지되는지 살펴야 합니다. 둘째, 바로 다음에 설명할 '논바이너리'나 '성적 유동성'을 지닌 경우 어느 쪽으로 확정해야 할지 애매합니다. 자신이 완전히 남성이나 완전히 여성이라고 느끼지 않거나, 정체성이 자꾸 변한다고 해도 사춘기를 거치면 신체는 어느 한쪽으로 고착되게 마련입니다. 그렇다고 사춘기를 무한정 연기시킬 수도 없는 노릇이므로 언젠가는 선택을 해야 하는 때가 찾아옵니다. 자신의 존재와 정체성은 다른 사람이 규정하는 것이 아니라 자신을 위해 스스로 선택하는 것이라는 점을 이해한다면 보다 현명한 판단을 내릴 수 있겠지만, 주변 사람은 물론 스스로도 그런 결정을 내리기란 결코 쉬운 일이 아닙니다.

4. 젠더 스펙트럼과 성적 유동성

네 가지 기본 영역을 설명할 때 생물학적 성, 성적 표현, 성적 지향에 중간 단계가 있다고 했지요. 각각 간성, 중성적, 양성애자 또는 무성애자라고 했습니다. 그럼 성적 정체성에는 중간이 없을까요? 있습니다. 사실 이것이야말로 현재 젠더에 대한 이해에서 가장 중요한 부분입니다.

트랜스젠더가 진정한 자아를 찾도록 돕는 과정에서 과학자들은 성적 정체성 또한 '남/녀'라는 이분법적 틀에 맞지 않는 경우가 있다는 사실을 알게 되었습니다. 트랜스젠더란 생물학적 성과 성적 정체성이 일치하지 않는 상태라고 했습니다. 예컨대 생물학적으로 남자아이가 자신을 여자라고 느끼는 상태라는 거죠. 그런데 여자라고 느끼는 게 아니라, 남자도 여자도 아니라고 느끼는 사람이 있다는 겁니다. 그중에서도 다시 '나는 성이 없어(**무성**agender)'라고 느끼는 사람이 있는가 하면, '내 속엔 여자와 남자가 모두 있어. 반반 정도랄까?' 하는 사람도 있고, '나는 3분의 1 정도는 남자고 3분의 2 정도는 여자인 것 같아'라고 느끼는 사람도 있습니다. 이들을 **논바이너리**non-binary 또는 **젠더퀴어**genderqueer라고 합니다.

'바이너리binary'란 '이분법'이라는 뜻이니까, '논바이너리'라고 하면 성별을 이분법적으로 남녀로 구분할 수 없다는 뜻입니다. '퀴어queer'란 본디 '기묘한'이라는 뜻으로

'상궤常軌를 벗어났다'는 표현입니다. 현재는 퀴어 퍼레이드, 퀴어 영화 등 주로 성소수자를 통칭하는 말로 쓰이지만, 좁은 의미로는 성소수자들 중에서도 교육받은 상류층 남성 동성애자를 지칭하는 특권적인 어감으로도 쓰이며, 넓은 의미로는 규범화된 기존 질서에 반대하는 모든 것을 지칭하는 용어로도 쓰입니다. 그러나 젠더와 결합한 단어로 성적 정체성의 맥락에서 쓰일 때는 이분법적으로 구분할 수 없는 트랜스젠더를 지칭합니다.

성적 정체성이 이분법적으로 적용되지 않는다는 개념을 좀 더 자세히 봅시다. 수평으로 선을 긋고 한쪽 끝을 남성 100퍼센트, 한쪽 끝을 여성 100퍼센트라고 한다면 가운데는 남성 50퍼센트, 여성 50퍼센트가 되겠지요? 세 가지 지점 사이에도 남성 10퍼센트/여성 90퍼센트, 남성 11퍼센트/여성 89퍼센트, 남성 11.15퍼센트/여성 88.85퍼센트 등 무수한 경우가 있을 것입니다. 따라서 현재 과학자들은 성적 정체성이 이분법적으로 여성과 남성으로 나뉘는 게 아니라, 일종의 연속적인 스펙트럼 형태를 띤다고 생각합니다. 이것을 **젠더 스펙트럼**gender spectrum이라고 합니다. 좀 복잡하지요? 더 복잡한 것은 트랜스젠더를 비롯한 성소수자 중 6퍼센트 정도는 성적 정체성 또는 성적 표현이 변한다는 점입니다. 예를 들어, 생물학적 여성으로 태어난 아이가 한때는 스스로 남자라고

느꼈다가 어떤 시기에는 여자로 느끼거나, 또 시간이 흐르면서
남자도 여자도 아닌 무성으로 느낄 수 있다는 뜻입니다. 이런
현상을 **성적 유동성**gender fluidity이라고 합니다.

5. 동성애

동성애에 대해서는 오래도록 논의가 진행 중이고 수많은
문헌과 자료가 있으므로 여기서는 두 가지만 이야기하고자
합니다.

첫째, **동성애는 선택의 문제가 아닙니다.** 많은 사람들이
동성애를 비난합니다. "생식을 위한 성교를 쾌락 추구의
수단으로 사용하는 것은 신의 뜻에 반한다"거나, "미풍양속을
해친다"거나, "에이즈 등의 질병을 옮긴다"는 것입니다.
이해는 갑니다. 하지만 중요한 건, 동성애자가 이성을
사랑할 수도 있고 동성을 사랑할 수도 있는데 스스로 동성을
사랑하기로 선택한 것이 아니라는 점입니다.

동성애가 생물학적으로 정해지는 성향이라는 증거는
유전자 연구와 뇌스캔 연구를 통해 밝혀져 있습니다. 다만
그것이 결정적이냐에 대해선 아직도 논란 중입니다. 다윈
이래 수많은 석학들이 진화의 증거를 제시해왔지만 아직도
미국인의 55퍼센트가 창조론을 믿는다는 허탈한 보고가
있습니다. 아마 결정적인 증거가 나온다고 해도 인정하지

않거나, 인정한다고 해도 선택은 개인의 몫이라고 주장할 사람이 여전히 있을 것입니다. 그러니 복잡한 과학 이야기를 하는 것보다는 동성애자들의 체험담에 귀를 기울이는 편이 더 이해하기 쉬울지도 모르겠습니다. 많은 동성애자들이 자신의 성적 지향을 깨닫게 된 순간을 기억합니다. 일관되게 불안과 두려움을 느꼈다고들 하지요. 왜 불안과 두려움을 느꼈을까요? 앞에서 말했듯 성적 정체성은 아주 어린 나이에 생기지만, 성적 지향은 사춘기에 들어서 생깁니다. 사춘기는 성숙한 나이는 아니지만 어린이도 아니지요. 동성애를 '선택'한다면 앞으로 많은 어려움이 닥칠 것임을 이해할 수 있는 나이입니다. 선택할 수 있다면 누구나 이성애를 선택할 것입니다. 동성애가 선택할 수 있는 것이 아니라면 비난할 수 없다는 점은 명백합니다. 눈이 작다거나 손가락 길이가 짧다고 비난할 수 없는 것과 마찬가지입니다. 하긴 요즘은 "왜 얼굴 안 고치냐"고 비난하는 사람도 있습니다만….

둘째, **동성애는 성교 방식에 관한 문제가 아닙니다.** 동성애가 선택의 문제라고 해도 비난받아야 할 이유는 없습니다. 우리가 알아야 할 모든 것은 유치원에서 배웠잖아요. 남에게 해를 끼치지 않는 한 개인의 선택을 비난할 수는 없습니다. 이렇게 말하면 동성애의 진실을 몰라서 하는 말이라고 합니다. 즉흥적으로 만난 상대와

폭력적인 항문성교를 하여 신체가 손상되는 일이
비일비재하고 에이즈를 옮긴다는 겁니다. 많은 사람들이
'동성애=항문성교=에이즈'라고 도식화해서 생각하는 경향이
있습니다. 우선 이 도식에는 여성 동성애가 빠져 있다는 점을
지적하고 싶습니다. 항문성교를 하지 않고 에이즈를 옮기지
않으면 괜찮은가요?

　　몇 년 전 일입니다. 캐나다에서 초등학교 7학년, 그러니까
한국으로 치면 중학교 1학년이었던 막내가 저녁 식사 중에
몹시 궁금한 표정을 지으며 질문을 했습니다. "엄마 아빠는
질성교, 항문성교, 구강성교(사실 이 부분은 영어로 했습니다.
당시에는 이렇게 어려운 한국어까지는 몰랐죠)를 다 해봤어요?"
사레가 들어 캑캑거리다가 물을 마시면서 보니 아내도 얼굴이
발개져 있더군요. 그런 걸 왜 묻느냐고 했더니 학교에서
성교육 시간에 사람의 정상적인 성교에는 세 가지가 있다고
배웠다며 엄마 아빠도 그렇게 하는지 궁금했다는 대답이
돌아왔습니다. 서양에서는 항문성교도 사랑하는 사람끼리
정상적으로 애정을 표현하는 방식으로 본다는 뜻입니다.
초등학교에서 그렇게 가르칠 정도니, 공식적으로 인정하는
거지요. 우리나라에서는 '킨제이 보고서' 같은 연구가
이루어지지 않아 정확히는 모르겠으나, 인간의 성 행동은
문화에 따른 차이를 걷어내고 나면 비슷하지 않을까 합니다.

옳고 그름을 따질 문제가 아니라는 뜻입니다.

저는 캐나다에 삽니다. 캐나다는 동성 결혼이 합법화된
나라지요. 동성 부부를 쉽게 볼 수 있습니다. 단정하게 털이
손질된 개를 끌고 둘이 손을 꼭 잡고서 산책을 다니고, 같이
장도 보고, 이웃을 집으로 불러 맥주 파티도 합니다. 집이 아주
깨끗하고 멋지게 꾸며져 있어 감탄했던 기억이 납니다. 그들은
서로 사랑하고, 아끼고, 존중하고, 역할을 분담하고, 때로는
자신을 희생해가면서 상대방이 잠재력을 최대한 발휘할 수
있도록 돕는다는 점에서 이성 부부와 똑같습니다. 인간의
성은 동물의 성과 약간 다르지요. 생식 목적 외에도 사랑을
전달하고 애정을 표현하는 방식의 하나로 발전해왔다는
점에서 그렇습니다. 동성 파트너끼리도 물론 성적인 방법으로
애정을 표현합니다. 정상적인 세 가지 방식 중에서 한 가지는
불가능하니 나머지 두 가지 방법을 이용할 겁니다. 하지만
어떤 방식으로 성교를 하느냐를 기준으로 이성 부부나 연인을
판단하지 않듯이, 동성 부부나 연인도 그런 기준으로 판단할
이유는 없습니다.

즉흥적으로 만난 상대와 폭력적인 방법으로 성교를 해서
신체가 손상된다거나, 병이 옮는다거나 하는 문제는 본질과
아무 상관이 없습니다. 이성 간의 성교도 즉흥적으로 만난
상대와 폭력적인 방법으로 이루어질 수 있습니다. 그것은

인간의 자질 문제이자, 폭력과 범죄라는 차원에서 다룰
문제입니다. 에이즈가 초기에 난잡한 성교를 즐기는 남성
동성애자 사회를 중심으로 확산된 것은 사실입니다. 하지만
에이즈가 동성애 때문에 생긴 것은 아닙니다. 에이즈의 기원은
매우 흥미롭고 복잡하여 한두 마디로 말하기 어렵지만,
1900년대 초 아프리카에서 유인원으로부터 사람에게로 종간
전파된 것으로 봅니다. 에이즈는 혈액 접촉이나 수직감염에
의해 전염됩니다. 항문성교는 질성교에 비해 작은 상처가
나기 쉬우므로 혈액 접촉이 자주 일어납니다. 에이즈가 남성
동성애자 사회를 중심으로 급속도로 확산된 이유입니다. 현재
에이즈는 환자 수가 너무 많기 때문에 동성애 차원에서 논할
문제를 벗어났습니다. 동성애를 막는다고 해서 에이즈가
줄지는 않는다는 뜻입니다.

　　난잡한 성교는 동성애자에게든 이성애자에게든 모두
위험합니다. 동성애자들이 특별히 더 난잡한 성교를 한다는
것은 편견입니다. 즉흥적인 관계를 맺는 동성애자가 더 많을지
이성애자가 더 많을지를 생각해보면 금방 알 수 있습니다.
이성 간의 성교에 의해서도 에이즈는 물론 다른 성병이 옮을
수 있습니다. 그것은 보건적인 측면에서 논의하고 대처해야
할 문제입니다. 동성애가 사회적으로 인정되어 자신에게 맞는
파트너를 보다 쉽게 찾을 수 있는 분위기가 만들어진다면 두

가지 문제는 자연히 줄어들 것입니다.

　　이 글을 쓰는 동안 아일랜드의 차기 수상이
확정되었습니다. 그는 인도 이민자의 아들로서 38세입니다.
또한 남성 동성애자입니다. 이민자의 아들, 38세,
동성애자라는 정체성이 우리 사회에서는 어떤 의미를 갖는지
생각해봅니다. 동성애자가 행정부의 수반이 된 것은 처음이
아닙니다. 노벨상 수상자 중에도, 아카데미상 수상자 중에도,
가장 탁월한 과학자, 기업인, 예술가, 법조인, 교수, 의사
중에도 동성애자는 얼마든지 있습니다. 한편 군에 입대할
경우 동성애자라는 이유로 처벌받을 것을 우려해 난민 지위로
이민을 신청한 한국 남성을 캐나다 이민국이 받아들였다는
소식도 들었습니다.

　　우리는 어떤 규범을 세우고 그것을 기준으로 판단하기를
좋아합니다. 때로는 이분법적으로 사고하고, 소수의 문제를
귀찮아하거나 무시합니다. 인류는 신체적 능력이 보잘것없는
동물입니다. 진화 과정에서 무언가 낯선 상대를 만났을 때
싸워야 할지, 도망쳐야 할지를 즉시 결정해야 했습니다.
좋은 것과 나쁜 것을 가리고, 친구와 적을 한눈에 판별하는
기술은 생존에 절대적이었습니다. 누군가 주장하듯 인간이
이분법적으로 사고하는 버릇은 진화 과정에서 생긴 것인지도

모릅니다. 우리 민족은 식민 열강의 지배를 받고, 수동적으로 해방을 맞고, 동족끼리 갈라져 피비린내 나는 전쟁을 치르고, 그 잿더미에서 불과 몇십 년 만에 세계 10위권 경제 대국을 넘보는 압축적 성장을 이루었습니다. 그 숨 가쁜 과정에서 소수의 목소리는 자연스럽게 무시되었습니다. 모순이 터져 나오면 약자 중에서 희생자를 지정한 후 얼토당토않은 규범으로 단죄한 뒤에 모순과 함께 묻어버리는 방식으로 해결했습니다. 지금 우리가 겪는 문제들은 모두 이런 사고방식과 행동 양식에서 비롯된 것입니다.

세상은 변했습니다. 과학은 인간과 우주의 본모습에 관해 새로운 사실을 계속 밝혀내고 있습니다. 그러한 사실이 마음이 들지 않는다고 무시하거나 부정할 수는 없습니다. 예전에는 한두 가지 기준으로 판단해도 충분했지만 이제는 수많은 사실들을 고려해야 합니다. 중요한 것은 사람에 기준을 맞춰야지, 기준에 사람을 맞추려고 해선 안 된다는 것입니다. 엄연히 존재하는 현상, 엄연히 존재하는 사람을 부정하면서 어떤 기준에 맞아야만 사람이라고 주장한다면 법이든, 도덕이든, 미풍양속이든 그 밖의 어떤 좋은 이름을 뒤집어쓰더라도 그것은 폭력에 불과합니다.

왜 세 살도 되기 전에 스스로를 타고난 성별과 다른 존재로 인식하는 사람들이 있는 걸까요? 현재로서는 엄마의

자궁 속에 있을 때 호르몬의 어떤 변화로 인해 그렇게 된다고 생각합니다. 유전적, 선천적인 부분이 있다는 거지요. 하지만 정확한 것은 알 수 없습니다. 알 수 있다고 해도 무엇이 바람직한지 판단할 수는 없습니다. 중요한 것은 그런 현상이 분명히 존재하며, 나와 다른 사람이 있다는 사실을 받아들이는 것입니다. 그들도 나와 똑같이 진정한 자신을 찾고 싶어 합니다. 그 과정이 특별히 어렵다면 따돌리고 미워할 것이 아니라 어떻게 하면 같이 살아갈 수 있을지 생각해보고 도울 게 있다면 도와주면 됩니다. 이 글에서 젠더에 관한 복잡한 용어들을 설명한 것은 개념을 제공하기 위한 것입니다. 개념을 이해하는 것은 인정의 첫걸음이니까요.

우리는 이제야 인간의 젠더를 이해하기 시작했습니다. 아직도 많은 개념이 혼란스럽고 모르는 것투성이입니다. 모르는 것은 섣불리 판단할 것이 아니라 그냥 모른다고 받아들이면 됩니다. 과학이 인간에 관해 밝혀낸 것 중 가장 위대한 사실은 '모든 인간이 다르다'는 것입니다. 어떤 의미에서 우리는 모두 '소수자'입니다. 나와 똑같은 사람은 어디에도 없으니까요. 소수자를 인정하고, 받아들이고, 진정한 자기를 찾을 수 있도록 서로 돕는 일은 자기 자신이 세상에 하나밖에 없는 특별하고 소중한 존재라는 인식과 닿아 있습니다. 성소수자에 관한 여러 가지 문제들을 생각해보면서

모든 사람이 자기 자신을 더욱 사랑하는 길을 찾기를
바랍니다.

✿좋은 자료들

우선 《내셔널지오그래픽》 2017년도 1월호를 권합니다. 온라인에서도 볼 수
있습니다. 풍부한 내용과 함께 아름다운 사진과 도해가 곁들여져 이해하기가
쉽습니다. 트랜스젠더인 여성(생물학적 남성) 청소년이 보수적인 미국
남부의 시골 학교에서 화장실을 선택하는 문제로 대법원 청원까지 간 끝에
젠더 중립적인 화장실을 쟁취한 이야기 등 감동적인 영상물도 많습니다.
케이티 커릭의 다큐멘터리 〈Gender Revolution〉은 유튜브에서 보는 것이
빠릅니다.

시간이 좀 있다면 온라인 대학 코세라Coursera를 가보세요. 스탠퍼드
대학에서 마련한 〈Health a cross the Gender Spectrum〉이라는 강좌를
적극 추천합니다. 3주 코스지만 마음만 먹으면 2~3일이면 끝낼 수 있습니다.
이론적인 부분과 함께 실제 경험자들의 스토리가 너무나 감동적으로 실려
있어 몇 번이고 화장지를 찾게 됩니다.

테드에서도 볼 것이 많습니다만, 〈The Gender Spectrum〉이라는 이름으로
묶인 일곱 개의 강연과 함께 스탠퍼드 대학 교수로 인생의 후반부에야
여성이 되는 길을 택한 앨리스 밀러Alice Miller의 〈The Importance of Being
Alice〉를 꼭 들어보기 바랍니다.

책을 읽고 싶다면 스테퍼니 브릴stephanie Brill의 《The Transgender Child》와
《The Transgender Teen》을 우선 권합니다. 동성애에 관해서는 에릭
마커스Eric Marcus의 《Is It a Choice?》와 제임스 도슨Kames Dawson의 《This
Book Is Gay》가 좋습니다.

#'동성애_찬성, 반대'에_관하여
(지금, 우리는_무엇을_질문해야_하는가)

성소수자 인권운동가

#

단편소설 〈오멜라스를 떠나는 사람들The Ones Who Walk
Away from Omelas〉[1]에서 어슐러 르 귄Ursula Le Guin은 해변 도시
오멜라스를 그려낸다. 도시에는 왕과 비밀경찰이 없고
최소한의 법과 규칙만 있을 정도로 "성숙하고 지적이며
열성적인 어른들"[2]과 아이들이 살고 있다. '나'는 독자들에게
오멜라스가 "아주 오랜 옛날, 머나먼 곳에 있었던 동화 속
도시"[3]처럼 상상될지도 모르겠다며, 어떤 표현도 오멜라스의
행복을 그대로 담아낼 수 없다고 말한다. 그러나 오멜라스에는
"주민들의 행복, 이 도시의 아름다움, 사람들 사이의 따뜻한

---

[1] 어슐러 르 귄, 최용준 역, 〈오멜라스를 떠나는 사람들〉, 《바람의 열두 방향》(시공사, 2014)

[2] 앞의 책, 458쪽.

[3] 앞의 책, 458쪽.

정, 아이들의 건강, 학자들의 지혜로움, 장인의 기술, 그리고 심지어는 풍성한 수확과 온화한 날씨"[4]를 위해 한 아이의 희생이 있어야 한다는 계약이 존재한다. 주민들에 의해 불행한 삶을 배당받은 아이는 어두운 지하 공간에 갇히게 된다.

오멜라스 주민들은 특정 나이가 된 이들에게 계약에 대해 이야기해주기 때문에 사람들은 아이의 존재를 알게 된다. 아이를 직접 본 사람들은 처참한 광경에 충격받고, 분노한다. 그러나 아이를 구원하기 위해 포기해야 할 것들을 떠올리며 자신들이 할 수 있는 것은 아무것도 없다고 결론 내린다. 사람들은 아이가 이미 어둠에 익숙해져 있기 때문에 빛을 인지하지 못할 뿐만 아니라 빛을 보면 오히려 더욱 비참해질 것이라 말하며, 아이에게 느꼈던 연민과 분노를 거두어낸다. 어떤 이는 다시 일상으로 돌아가고, 어떤 이는 오멜라스를 떠나 돌아오지 않는다. 지하 공간을 방문하는 사람들의 기척을 느낄 때마다 아이는 구해달라고 간곡히 외치지만 반복되는 외면에 점차 말을 잃게 된다.

이 이야기는 많은 사람들이 누려온 행복이 실은 한 아이에 대한 폭력을 통해 유지되어왔음을 보여준다. 행복의 이면에 놓여 있는 폭력은 다수를 위해 침묵하는 "끔찍한 정의justice"[5]에

4   앞의 책, 464쪽.

의해 가려진다. 오멜라스 사람들 가운데 죄인은 없다. '평범한'
사람들뿐이다. 그러나 이들의 무관심과 침묵, 외면은 폭력이
은폐된 일상을 지속시킨다. 이 소설은 악惡을 생산하는
사람들의 평범한 얼굴을 그려낸다.

　　2016년 10월, 박근혜 정권의 권력 비리에서 촉발된
촛불집회에는 언제나 성소수자를 상징하는 무지개 깃발이
함께했다. 그러나 새로운 시작 속에서 '우리'는 '국민'의
자리에서 '성소수자'가 배제되는 장면들을 목격했다. 2017년
대선을 앞두고 일부 유력 대선 후보들이 보수 개신교 단체를
찾아가 동성애 반대를 약속하는 모습이 포착되었고, 2017년
4월 25일 JTBC의 〈대통령 후보자 토론회〉에서는 대선
후보들이 동성애에 대한 찬성과 반대를 논의하는 장면이
전국에 방송되었다.[6] 국민과의 약속을 이야기하는 자리에서
섹슈얼리티에 따라 범주화한 특정 집단에 대한 반대를 정치적
입장으로 밝히는 모습은 '국민'이 그 사전적 의미—국가를
구성하는 사람—처럼 자명한 것이 아님을 보여준다.

5　　앞의 책, 446쪽.

6　　당시 유력 후보였던 홍준표는 문재인 당시 후보에게 군에서의 동성애가
　　국방 전력을 약화시킨다며 동성애를 반대하느냐는 질문을 했고, 이에 문재인
　　후보는 "반대한다"고 답했다. 김포그니, "대선에 등장한 '동성애' … 후보별
　　태도 분석해보니", 2017년 4월 26일 자 〈중앙일보〉, http://news.joins.com/
　　article/21516498

이 글은 "동성애를 찬성하는가, 반대하는가?"가 질문으로
설정되고, "동성애에 반대한다" "동성애를 싫어한다"와
같은 말들이 '의견'으로 이야기되고 있는 작금의 상황에서
성소수자의 권리를 둘러싼 질문의 모순을 짚어 보고, 나중이
아닌 지금, 그리고 여기에서 우리가 논의해야 할 질문이
무엇인지 고민해보고자 한다.

왜곡된 목소리

"동성애를 찬성하십니까, 반대하십니까?" 학교 수업,
시사 프로그램, 인터넷 커뮤니티 등 일상에서 접할 수 있는
이 질문은 2017년 대선을 앞두고 보다 공적인 자리에서
논의되기 시작했다. 대선 기간 동안 '동성애 찬성, 반대'에 대한
대선 후보들의 말의 수신자는 (주로) 보수 개신교 단체였으며,
이들의 말은 보수 개신교 단체의 문법과 유사했다.
2007년 입법 예고된 차별금지법을 계기로 반反동성애 활동을
본격적으로 조직하기 시작한 일부 보수 개신교 단체들은
차별금지법을 "동성애 차별금지법" "동성애법"으로 부르고[7]

---

[7] 이는 장애, 학력, 계급 등 다른 항목에 대한 논의 또한 어렵게 만들었다는 점에서
문제적이다. 차별금지법의 입법 예고를 배경으로 등장한 보수 개신교 단체의
활동과 맥락에 대한 논의는 한채윤, 정희진 편, 〈왜 한국 개신교는 '동성애 혐오'를
필요로 하는가〉, 《양성평등에 반대한다》(교양인, 2017) 참고.

성적 지향 및 성별 정체성에 따른 차별 금지를 동성애 옹호(찬성)라 주장하면서 의미를 축소하고 왜곡해왔다. 뿐만 아니라 성적 지향 관련 문구가 포함된 서울시민인권헌장, 차별금지법, 인권조례, 가족지원기본법, 생활동반자에 관한 법안 등[8]이 논의될 때마다 이를 무산시키기 위해 신문에 광고를 게재하거나 기자회견을 열고, 관련 의원들에게 집단 항의를 하면서 정치적 압력을 행사해왔다. 이러한 활동은 성소수자의 인권을 위한 법적 장치들이 만들어질 수 있었던 기회를 무산시켰고, 성소수자 인권 문제를 '동성애에 대한 찬성, 반대' 차원으로 되풀이시키면서 이 이상의 논의 자체를 어렵게 만들었다. 성소수자의 권리를 논하기 위해 전제되어야 할 기본적인 부분들—성적 지향, 성별 정체성 등의 개념들, 이를 중심으로 짜인 불평등한 구조, 이러한 구조에 놓인 성소수자의 삶의 모습—에 대해 공유된 이해가 부재한 상황에서 '동성애 찬성, 반대'라는 간단한 질문이 사회적 의제처럼 공론화되어 통용되고 있다.

---

8   가족지원기본법, 생활동반자법의 경우 성적 지향이 명시되어 있지 않지만 다양한
     가족에 대한 지원이 동성애의 인정 및 확산으로 연결될 우려가 있다는 이유로
     반대에 부딪혔다.

잘못 던져진 화살

일반적인 사회적 의제들과 달리, '동성애 찬성, 반대'는
동성애를 포함/배제할 것인가를 묻고 있다. 그러나 여기에는
'동성애'라는 세 글자의 의미, 나아가 동성애를 찬성/
반대한다는 것이 어떠한 의미인지에 대한 논의가 생략되어
있다. 동성애는 무엇을 의미하며, 왜 우리는 동성애를
질문의 대상으로 삼고 있는가. 한편, 이 질문을 자연스럽게
받아들이며 동성애를 찬성할 것인지, 반대할 것인지 고민하는
이들은 누구인가.

다양한 몸들을 의학적 판단에 따라 '여성' 혹은
'남성'이라는 두 가지 성별로 분류'하고, '여자는 여자답게,
남성을 사랑한다/남자는 남자답게, 여성을 사랑한다'는
통념이 지배적인 사회에서 우리가 어렸을 때부터 마주하고
배우는 '사랑'은 이성 간의 사랑이다. 성性을 가르치는
교과서 속에, 영화와 드라마 장면 속에, 노래 가사 속에,
사랑이라는 단어의 사전적 의미 속에, 혼인 신고서 속에,
연인과 가족이라는 이름 속에, 결혼-임신과 출산-양육-가족

---

9 토머스 라커Thomas Laqueur는 몸에 대한 의학적·생물학적 지식 또한 역사적
   맥락 속에서 다르게 정의되고, 해석되어왔다고 주장한다. 그에 따르면 17세기에는
   '남자'와 '여자'의 신체를 근본적으로 같은 것으로 간주하였으며, 남자와 여자라는
   두 가지 성별과 신체는 18세기 이후 새롭게 발명된 것이다. 토머스 라커, 이현정
   역, 《섹스의 역사》(황금가지, 2000) 참고.

재생산이라는 '적절한' 삶의 시간표 속에, 그리고 애도의
장면 속에 이성애적 사랑이 그려져 있다. "이성애를 적법하고
규범적인 기준으로 구성하는 경제적 자원, 문화적 권력,
사회적 통제의 제도화 과정"[10]인 이성애 규범성heteronormativity은
사회와 그 사회를 살아가는 사람들의 삶을 조직하는 주요한
구조적 질서다. 어떤 이는 이러한 질서에 몰입하거나 (몰입하지
않아도 별다른 의심 없이) 이를 따르지만, 어떤 이는 자신이 이에
맞지 않음을 확인한다. '적절한' 삶의 모습과 맞지 않는 자신
혹은 자신의 욕망, 관계를 설명하기 위해 스스로에게 맞는
이름을 찾고 설명하는 것, 나아가 이성애 중심의 질서를
탐문하고, 분석하고, 해체하는 것은 이성애 규범성에서 배제된
사람들의 몫이었다.

1993년 최초의 "동성애자 인권 단체"로 알려진
'초동회'가 결성[11]되었고, 대학 내 성소수자 모임 결성,
'한국동성애자인권운동협의회' 발족 등을 거치면서
성소수자는 사회적 집단을 구성하며 연결을 확장해왔다.

10   Ingraham, Chrys (1994), *The Heterosexual Imaginary: Feminist Sociology and Theories of Gender*, Steve Seidman (ed.), Blackwell Publishers, 1996, p. 169.

11   초동회에는 레즈비언lesbian과 게이gay, 바이섹슈얼bisexual, 트랜스젠더transgender가 참여했다고 한다. 정시우, 〈한국 퀴어 장의 형성—보수 개신교회, 시간성, 감정을 중심으로〉(연세대학교 석사 학위 논문, 2015), 26쪽.

성소수자 인권 단체는 성소수자의 역사를 발굴하고, 당사자의 목소리를 통해 삶의 모습을 재현하면서 삶에서 마주친 욕망과 차별을 드러내는 작업을 진행해왔으며, 성소수자 차별 철폐와 인권 증진을 위한 법 제정 및 제도화 과정에 개입해왔다. 많은 사람들이 인권을 "인간이기 때문에 자명하게 주어지는 권리, 천부인권, 양도하지 못하는 권리, 자연권, 그 어떤 경우에도 침해될 수 없는 인간의 존엄성"[12]으로 이해하고 있음에도 불구하고, 모든 인간의 권리가 보장되고 있지 않은 현실을 비판해왔다. 나아가 권리 이전에 인간의 의미를 질문하며, 인간이 단순히 생물학적 종種을 의미하는 것이 아니라 타인의 인정을 통해 획득되는 자격이라는 점, 이때의 자격은 젠더·섹슈얼리티·인종·국적 등의 축에 따라 위계적으로 구성된다는 점을 지적했다. 오랜 역사 동안 이성애 남성이 곧 인간의 얼굴로 그려져온 사회에서 여성, 성소수자, 이주민 등 소수자의 얼굴들이 삭제되어왔다는 것이다.

이처럼 성소수자 인권운동은 이성애 규범적 사회에서 누락되었던 성소수자의 역사를 복원하는 과정이자, 경험의 서사화를 통해 집단적 주체로서 성소수자를 새롭게 구성하는 과정이었다. 기존의 이성애 남성 중심적 인권 논의에 균열을

12   조효제, 〈서론〉, 《인권의 문법》(후마니타스, 2015), 21쪽.

내고, 이를 해체하고자 하는 목소리에 귀를 기울이는 것,
이러한 목소리를 확장하는 것은 인권 논의 자체를 새롭게 틀
짓기 위한 기반을 마련한다. 이를 위해서는 한국 사회에서
구성되고 있는/구성하는 성소수자의 의미, 성소수자의 삶,
삶을 둘러싼 조건들, 조건들을 생산하는 권력의 문제를
역사적인 맥락에서 살펴보는 것이 중요하다. 그러나 현재
통용되고 있는 '동성애 찬성, 반대'는 성소수자의 역사와 이를
둘러싼 권력의 문제를 지워낼 뿐만 아니라, 성소수자 자체를
문제 삼는다.

질문하지 않는 것들

　　한국 사회에서 오랜 시간 동안 성소수자는 인간으로
재현되기보다 범죄화되거나 병리화되어왔다. 1990년대
이후 전개된 성소수자 인권운동과 2000년 연예인 홍석천의
커밍아웃은 성소수자의 존재를 환기시키는 계기가 되었지만
여전히 성소수자는 예외적 존재로 소개되며, '우리(이성애자)'와
별반 다르지 않다는 안도감을 주는 선에서 ('우리'는 아닌)
'우리의 친구'로 재현되어왔다. 아직도 많은 이들이 "동료,
친한 친구, 친척 가운데 게이, 레즈비언, 바이섹슈얼,
트랜스젠더가 있습니까?"라는 질문에 "없다"[13]고 답할 정도로
성소수자는 주변의 누군가가 아닌 '무언가'로 인식되고 있다.

인간으로서의 다양한 삶의 모습이 지워진 동성애는 '변태적' 혹은 '더러운' 성적 행위 및 욕망으로 상상되며, 이는 성적 행위와 욕망을 찬성과 반대의 사안으로 설정해도 된다는 착각으로 연결된다.

그러나 동성애를 반대하는 사람들이 반대하는 것은 특정한 성적 행위와 욕망만이 아니다. 이들이 반대하는 것은 '동성애'라는 기호에 포함되고/포함되지 않는 다양한 성적, 감정적 끌림들 그리고 이러한 끌림의 표현들, 즉 나 자신으로 살아가고 관계를 지키는 데 필요한 법적·제도적 장치를 누릴 수 있는 권리들이다. 나아가 비非이성애적 욕망을 기반으로 하여 자신을 구성하는 이들에게 동성애 반대는 곧 존재 자체에 대한 부정이다.

한편 '동성애 찬성, 반대'는 동성애를 받아들일 것인지 말 것인지를 판단하는 주체가 누구인지에 대해서도 질문하지 않는다. 사랑의 각본 속에서 여자친구, 남자친구, 연인, 부부

---

13 글로벌 마케팅 리서치 기업 IPSOS에서 2013년 실행한 〈Same Sex Marriage: Citizens in 16 Countries Assess Their View on Same-Sex Marriage for Total Global Perspective〉에 따르면, 한국의 경우 "당신의 주변에 게이, 레즈비언, 양성애자, 트랜스젠더인 직장 동료, 친구, 친척이 있는가"라는 질문에 전체 응답자(약 500명)의 79퍼센트가 "없다(No)"고 응답했다. 응답 항목에 확실치 않다(Not sure)와 무응답(Prefer not to answer)이 있었음에도 "없다"라는 단정적인 답변이 지배적인 것은, 여전히 한국 사회에서 성소수자는 어딘가에 있지만 내 주변에는 없는 사람들로 상상되고 있음을 보여준다. https://www.ipsos-na.com/download/pr.aspx?id=12795

등 너무나도 당연하게 서로를 소개하고 관계를 이야기하는
이들의 경우, 스스로의 이성애적 욕망을 탐색하거나 자신을
설명하기 위해 "이성애자"라는 말을 사용할 필요를 느끼지
않는다. '이성애' '이성애자'라는 말이 낯설 정도로 이성애는
이미 사랑과 동의어다. 여기에는 이성애가 설명이 필요하지
않은 자연적이며 안정된 구성물이라는 함의가 전제되어 있다.

　　'동성애에 대한 찬성, 반대'는 '동성애/(질문에서
생략된)이성애'의 의미와 차이가 구성되는 권력과 역사를
삭제하면서, 동성애와 이성애를 서로 본질적인 차이를 지닌
것으로 재현한다. 페미니스트 정치학자 웬디 브라운Wendy
Brown은 특정한 존재 혹은 집단을 관용의 대상으로 설정하는
것이 이들을 "열등하고 주변적이며 비정상적인 이들로
표지하는 일"이며, 동시에 "열등하고 주변적이며 비정상적인"
집단으로 재구성하는 것이라 주장한다.[14] 나아가 "무언가를
관용한다는 것은 필연적으로 관용 받는 상대보다 우월한
위치를 차지하게 된다는 것을 의미한다."[15] 동성애를
받아들일지 말지를 고민하는 사람들은 자기 자신에 대해
누가 자신에게 이 질문의 결정권을 주었는지, 준 적이 있거나

14　　웬디 브라운, 〈관용: 탈정치화 담론〉, 《관용: 다문화제국의 새로운
　　　통치전략》(갈무리, 2010), 38쪽.

15　　웬디 브라운, 앞의 책, 39쪽.

한 것인지 생각하지 않은 채 너무도 자연스럽게, 스스로를 사회적으로 바람직한 사람들을 가려내는 기준을 제공하고 결정하는 자리에 위치시킨다.

차별하지 않지만, 차별하는 것

"동성애에 대한 차별에는 반대하지만, '동성애 합법화'는 (아직) 안 된다"는 주장이 있다. 이는 '자기들끼리' 동성애를 하는 것은 간섭할 바가 아니지만 동성애를 굳이 드러내려고 하니까 문제가 생기는 것이라는 태도와 연관된다. 이러한 입장에는 개인의 삶의 양식life style과 사적인 생활privacy로서의 동성애와 정치적 차원의 동성애—공공장소에서의 동성애적 욕망 및 행위의 가시성, 성소수자 권리를 위한 제도적·법적 논의 등—가 구분되어 있다. 즉, 개인적 차원에서의 동성애는 허용하지만, 정치적 차원에서 동성애는 아직 사회적 합의가 필요한 문제라는 것이다. 이때 개인의 생활은 사적 영역, 정치적 문제는 공적 영역의 문제로 나누어진다. 이러한 주장에서 성소수자의 인권을 둘러싼 '쟁점issue'은 말 그대로 '문제trouble'가 되며, 이는 자기들끼리의 영역 밖으로 모습을 드러낸 동성애자 때문에 발생한 것이 된다.[16]

사적 영역과 공적 영역이라는 두 가지 구분 속에서 동성애는 사적 영역에 배치되며, 공적 영역에 드러나지 않거나 정치적 문제로 이야기되지 않는 선에서만 허용된다. 여전히 경계를 만들어내는 사람들은 사생활로서의 동성애를 기꺼이 참아주기로 한 우리, '이성애자'다. 사적인 영역과 공적인 영역, 개인의 삶과 정치적 문제가 뚜렷하게 구분되어 있다는 가정 속에서, 동성애는 공공장소에서 존재할 수 없는 몸, 정치적 사안을 요구할 수 없는 몸으로만 존재해야 한다는 조건부 계약은 (이미 충분히) 이성애적인 공간을 유지하기 위한 것이며, 성소수자의 인권을 정치적인 문제가 아닌 것으로 만들기 위한 것에 불과하다. 동성애자 안에서 존중할 만한 것과 그렇지 않은 것 사이의 새로운 구분을 추가적으로 만들어낸 것일 뿐, 동성애자를 사람으로 보지 않는 인식은 그대로 전제되어 있다. '이성애자/참아줄 만한 동성애자-참을 수 없는 동성애자'의 위계에서 동성애자에 대한 차별은 "선을 넘은" 동성애자 개인의 탓으로 이야기된다.

성소수자 인권을 둘러싼 다양한 정치적 목소리를 이성애적 공간 및 제도에 '받아들여달라'는 인정 이상의 문제로 이해하지 못하는 것 혹은 이해하지 않으려는 것,

16　'동성애를 드러낸다는 것'은 무엇을 의미하는가. "드러낸다"의 사전적 의미는 '가려 있거나 보이지 않던 것을 보이게 함'을 뜻한다. '동성애 찬성, 반대'가 논의되는 (찰나의) 순간을 '드러남'으로 표현하는 것은 역설적으로 질문이 제기되지 않는 일상에서 '동성애'를 가려진 것, 보이지 않는 것으로 인식하고 있음을 의미한다.

그리고 참을 수 있는 것과 없는 것 사이의 경계를 조절하지만 그 경계 자체, 그 경계를 만들어내는 사람들, 이들이 발 딛고 있는 이성애 규범적 구조에 대해 질문하지 않는 사고 회로 속에서, 성소수자에 대한 정의justice의 문제는 성소수자에 대한 감수성과 존중의 문제로 대체되고, 성소수자의 인권을 둘러싼 정치적 투쟁 및 변혁의 문제는 특정한 행동과 태도, 감정의 문제가 되어버린다.[17]

　사적인 생활과 공적인 영역, 개인적인 문제와 정치적인 문제가 명확하게 구분된다는 인식은 이성애 규범적 사회에서 이성애적 생애를 따름으로써 누리고 있는 일상이 누군가에게는 허용되지 않는 특별하고 정치적인 권리임을 인식하지 못하게 하며, 한 사람의 생애에 사적인 것과 공적인 것이 얽혀 있다는 사실, 나아가 "개인적인 것이 정치적인 것"이라는 사실을 망각하게 만든다. 예를 들어 사랑하는 연인과 손을 잡고 길을 걷는 것, 사랑하는 연인을 친구들에게 소개하고 자랑하는 것은 누군가에게는 '평범하고' '소소한' 일상적 행위다. 그러나 성소수자는 관계 혹은 공간에서 "자신을 얼마만큼 드러내고(혹은 강제로 드러내지고) 감출 것인가(혹은 타의로 감춰질 것인가)"[18]에 대한 고민을 일상으로

17　웬디 브라운, 앞의 책, 42쪽.

경험한다. 성 정체성을 이유로 입사 취소 혹은 채용을
거부당하거나 동성 파트너가 있어도 법적 배우자로 인정받지
못하여 가족 기반 복지 혜택을 누리지 못하는 등의 경험[19]은
누구나 마땅히 누려야 할 권리와 생활이 실제로는 특정한
누군가에게만 허용되고 있다는 것을 보여준다. 페미니스트
애드리언 리치Adrienne Rich는 이성애가 물리적, 법적인 수단을
통해 이성애를 명시적으로 강요할 뿐 아니라 이성애를
따르지 않는 관계들에는 차별을 주는 방식으로 작동한다고
주장한다.[20] 이는 개인들이 일상에서 누리는 삶의 권리가
태어날 때부터 자연적으로 주어진 것이 아닌, 타인에 대한
배제를 통해서 유지되는 정치적 문제라는 것을 의미한다.

그러므로 "동성애에 대한 차별에는 반대하지 않지만,
동성애 법제화는 안 된다"는 말은 모순적이다. 이는 차별을
차별로 인지하지 못하고 있음을 보여주는 것이며, 자신이
찬성하는 것은 차별이라는 것과 다를 바 없다. 또한 동성애를
존중한다는 조건에 전제되어 있는 '드러내지 말라' 문제를

18　김현철, 〈성적 반체제자와 도시공간의 공공성: 2014 신촌 퀴어퍼레이드를
　　　중심으로〉, 《공간과 사회》 제25권 1호(2015), 12~62쪽, 22쪽.

19　국가인권위원회, 《성적지향·성별정체성에 따른 차별 실태조사》(국가인권위원회,
　　　2014)

20　Rich, Adrienne(1980), "Compulsory Heterosexuality and Lesbian Existence",
　　　Journal of Women's History, 15(3), pp. 11~48.

일으키지 말라' 등의 짐짓 점잖아 보이는 요구는 누군가가
경험하고 있는 차별과 폭력을 참고 침묵하라는 명령과 다르지
않다. 각각의 말들은 다르지만, 이성애 중심적 사회에서
성소수자가 놓인 상황과 경험들을 무시하고, 경청하지 않으며,
(의식적으로) 관심을 두지 않으려는 태도를 공유하고 있다.

반대할 자유, 응답하지 않을 자유

'동성애 찬성, 반대'에 대한 또 다른 말들은 반문反問의
형태를 취한다. "동성애를 싫어하고 반대할 자유가 있는 것
아닌가."[21] 앞서 논의하였듯, '동성애 찬성, 반대'는 성소수자의
인권을 정치적 문제가 아닌 특정한 성적 욕망 및 행위에
대한 개개인의 좋음과 싫음, 찬성과 반대의 문제로 만들었다.
질문 자체에 이미 동성애에 대한 차별이 내포되어 있음에도
불구하고, 이를 인지하지 못한 채 자신이 누군가의 삶을 찬성
혹은 반대할 자격이 있다는 확신을 가지고 싫음과 반대를
표현하는 사람들은 자신이 누구인지, 자신의 말이 어떤 상황을

---

[21] 한편 동성애에 대한 불호不好, 혐오, 부정 등을 표현하는 것이 '표현의 자유'에
      해당된다는 주장이 있다. 성소수자에 대한 혐오 표현hate speech과 표현의
      자유를 둘러싼 논의로는 김현경·박보람·박승환, 〈성소수자에 대한 혐오표현, 그
      옹호의 논리를 넘어서: 표현의 자유론 비판과 시민권의 재구성〉, 《공익과 인권》
      제12호(2012), 215-249쪽; 홍성수, 〈혐오표현의 규제: 표현의 자유와 소수자
      보호를 위한 규제대안의 모색〉, 《법과 사회》 제50호(2015), 287~336쪽 등이 있다.

만드는지 알지 못한다.

'동성애 싫다' '동성애에 반대한다'는 '싫다' '반대한다'에서 끝나지 않는다. 동성애를 싫어하고 반대하는 것을 정당화할 이유들을 만들어낸다. 동성애를 비정상적, 병리적, 비윤리적인 성적 욕망 및 행위로 이야기하는 것에서부터, "동성애가 에이즈AIDS 발병의 주요 원인이며 이를 치료하기 위해 드는 고액의 비용이 국민의 세금으로 부담되고 있다"[22]와 같이 객관적이고 합리적인 것으로 보이는 정보에는 동성애에 대한 편견과 차별이 담겨 있으며 동시에 이를 재생산한다.[23] 차별이 담긴 말들이 마치 하나의 사회적 의견처럼 전해지고, 이러한 말들이 쌓이게 되면 누군가에게는 사실처럼 여겨지고, 이것은 차별이 차별임을 인식하지 못하게 되는 상황으로 이어진다. 또는 차별을 인지하더라도, 이를

---

[22] 동성애가 에이즈AIDS의 원인이라는 주장에는 에이즈에 대한 부정적 인식(치료 불가능, 죽음) 또한 전제되어 있다. 김승섭(2016)에 따르면 에이즈를 일으키는 바이러스인 HIV의 감염경로는 동성애가 아닌 '안전하지 않은 성관계'이며, 에이즈가 관리 가능한 질환임에도 불구하고 부정적으로 바라보는 시선이 HIV 예방 및 에이즈 치료를 어렵게 만들고 있다. JTBC 〈뉴스룸〉(2017년 4월 27일 방영)과 MBC 〈PD수첩〉(2017년 5월 30일 방영) 등에서 이에 대한 사실을 다뤘음에도 여전히 에이즈를 공포의 질병으로 낙인찍고 사회의 해악이라 이야기하는 것은 특정 집단에 대한 배제를 정당화하기 위함이 아닌가. 자세한 논의는 한국성소수자연구회(준), 〈동성애는 HIV/AIDS의 원인인가요?—조작된 낙인과 공포〉, 《혐오의 시대에 맞서는 성소수자에 대한 12가지 질문》 참고. 한국성소수자연구회 홈페이지(https://lgbtstudies.or.kr/)에서 PDF파일 열람이 가능하다.

있을 수 있는 것으로 묵인하거나 무관심하게 만든다. 동시에 말들의 직접적인 대상, 즉 차별로 점철된 말들에 온몸으로 부딪히는 이들이 자신의 이야기를 말할 수 있는 공간을 소멸시켜버린다. 이로써 정상적인 인간(이성애)과 비정상적 비인간(동성애)의 구도는 더욱 견고해진다.

한편 "왜 우리에게 동성애를 인정하라고 강요하는가"라는 반문, 여기에 따라오는 "신경 쓰고 싶지 않다"는 말에는 성소수자의 인권과 자신이 무관하다는 착각이 전제되어 있다. 그러나 직접적으로 성소수자를 차별하지 않(는다고 생각하)더라도, 이성애적 존재가 성소수자에 대한 배제와 차별을 통해 얻어진 특별한 권리를 일상에서 누리고 있는 한, 질문을 고민하지 않아도 되거나 답하지 않아도 되는 사람은 아무도 없다. 성소수자 인권에 대해 답하지 않겠다는 태도는 책임을 회피하는 것이며, 이는 차별에 대한 암묵적인 동의와 다를 바 없다.

---

23 예를 들어 일부 보수 개신교 단체를 중심으로 조직된 성과학연구협회는 서구의 과학적 연구, 생물학 이론, 통계 및 수치 등 객관적으로 보이는 자료들을 제시하며 동성애를 병리적·비정상적인 것으로 규정한다. 성과학연구협회에서 생산한 텍스트를 비판적으로 분석한 이나영·백조연(2017)은 이들이 주장하는 '객관적 과학'은 비이성애적 욕망 및 관계에 대한 혐오를 배태하고 있으며, 동시에 혐오를 재생산하고 있다는 점을 밝혀낸 바 있다. 이는 객관적인 사실로 받아들여지는 지식이 누구의 시선에서, 어떻게 쓰였는가에 따라 소수자를 부정하는 방식으로 활용될 수 있음을 보여준다. 이나영·백조연, 〈'성과학연구협회'를 통해 본 '개신교' 동성애 '혐오담론'〉, 《여성학 연구》, 제21권 1호(2017), 67~108쪽 참고.

가려진 것들

성소수자의 인권에 대한 논의가 '동성애 찬성, 반대'로
질문되는 것은 여전히 많은 사람들이 '동성애자=성소수자'로
인식하고 있다는 것을 의미한다. '동성애 찬성, 반대'에
전제되어 있는 '(정상적)이성애/(비정상적)동성애'라는 이분법적
분류는 이성애와 동성애 모두를 "역사를 가지고 있는,
임의적인 혹은 우연발생적인 것으로 보기 어렵게"²⁴ 할 뿐만
아니라 두 범주를 대립적인 것처럼 보이게끔 만들어 둘 사이의
위계적 질서를 가려버린다. 게다가 이성애의 실천은 다양한
몸들을 남성과 여성 두 가지만으로 분류하며, 두 범주 또한
대립적인 것으로 규정한다. 이성애(남성/여성)와 동성애(남성/
여성)의 구분은 두 범주로 포착할 수 없는 다양한 몸, 욕망,
관계들을 존재할 수 없는 것 혹은 존재해서는 안 되는 것으로
만든다.

그러나 성소수자라는 범주에서 끊임없이 발견되고,
재구성되고 있는 정체성들의 서사는 당연하게 받아들여왔던
이분법적 분류 자체에 질문을 던진다. 예를 들어
양성애bisexual는 이성애와 동성애에 전제된 한 사람이

---

24   애너매리 야고스, 박이은실 역, 《퀴어이론 입문》(여성문화이론연구소, 2012),
33쪽.

하나의 젠더와만 낭만적, 성적 관계를 맺는다는 가정이
자연적인 질서가 아니라 사회적 규범이라 주장한다.[25]
트랜스젠더transgender는 동성애와 이성애가 전제하고 있는
안정된 성별 관념(남성/여성) 자체를 질문하며, 이성과 동성이
모든 존재와 관계를 설명할 수 없다고 말한다. 무성애asexuality는
성적 욕망 및 실천을 기준으로 인간 간의 관계를 사유할 수
없다는 점을 지적한다.[26] 주의해야 할 점은 '이성애/동성애'로
수렴될 수 없는, 수렴되어서도 안 되는 수많은 존재들을
또다시 특정한 정체성 혹은 행위로 환원하며 그것을
'인정해달라는 요구'로 이해해서는 안 된다는 것이다.

페미니스트 정치철학자 낸시 프레이저Nancy Fraser는
"인정되어야 할 것은 특수한 집단 정체성이 아니라 사회적
상호작용의 온전한 파트너로서의 지위"[27]라 주장한다.
프레이저는 특정한 이들을 존중할 만한 가치가 없는 사람으로
만드는 제도화된 문화적 가치의 패턴이 일부 구성원들을
사회의 온전한 구성원이 될 수 없도록 하며, 동료로 참여하지

25   루인, 〈혐오는 무엇을 하는가〉, 윤보라·임옥희·정희진·시우·루인·나라,
      《여성혐오가 어쨌다구?》(현실문화, 2015), 201쪽.

26   루인, 뻬라 편, 〈죽음을 가로지르기: 트랜스젠더, 범주, 그리고 시간성〉,
      《퀴어인문잡지 뻬라》 2호(노트인비트윈, 2014), 73쪽.

27   낸시 프레이저, 문현아·박건·이현재 역, 〈인정을 다시 생각하기: 문화 정치에서의
      대체와 물화의 극복을 위하여〉, 《불평등과 모욕을 넘어》(그린비, 2016), 211쪽.

못하게 만든다고 지적한다.[28] 성소수자를 사회적 지위로
이해할 때, 탐문의 대상은 성소수자를 부정하는 "명문화된 법,
공식 법률의 코드, 정부 정책, 행정 코드 혹은 전문가적 실천,
시민사회의 사회적 관행 등 모든 경우에 제도화되어 있는 문화
가치 패턴들"이 되며, 동시에 타자와의 충분한 상호작용에
필요한 자원을 불평등하게 분배하는 경제적 구조가 될
것이다.[29]

또한 이를 사회적 지위의 문제로 이해할 때, 관용의
주체로서의 이성애와 관용의 대상으로서의 동성애라는
견고한 위계적 경계의 해체 가능성이 생긴다. 이성애/동성애,
이에 따라오는 권리 및 위치를 자연적인 정체성에서 발현된
것이 아닌, 사회적 맥락 속에서 상호 간의 인정에 따라
차등적으로 배분된 자격으로 이해할 수 있기 때문이다.
이때 사회적 지위로서의 '이성애자'에게는 성소수자를
받아들일 것인지 말 것인지에 대한 선택이 아닌, 의식적
혹은 무의식적으로, 적극적 혹은 소극적으로 저마다
성소수자를 사회의 온전한 구성원에서 배제해온 구조적
과정에 참여해왔음을 인식함과 함께 이를 통해 발생한 차별을

28   낸시 프레이저, 앞의 책, 213쪽.
29   낸시 프레이저, 앞의 책, 213쪽.

줄이거나 제거하고, 궁극적으로 구조적 과정을 바꾸어가야 할
책임을 성찰하며 이를 실천할 책무가 남겨진다.

지금, 다시 질문해야 할 것

2017년 대선을 앞두고, 정치적 자리에서 성소수자의
인권에 대한 논의가 이루어지기 시작했다. 그러나 성소수자
인권에 대한 질문은 '동성애 찬성, 반대'라는 간단한 문제로
처리되어버렸고, 동성애에 대한 사회적 합의가 부재한 지금의
상황에서는 이야기하기 어려운, 기약 없는 "나중"의 문제로
미루어졌다.[30] 20년, 어쩌면 더 긴 시간 동안 '성소수자'로
자신을 이야기해온 이들은 글을 통해, 목소리를 통해, 사회적
집단의 구성을 통해, 때로는 죽음을 통해 차별과 억압의
경험을 드러내고자 했다. 이 과정에서 다른 사람들과의 만남
그리고 대화를 통해 발견한 공통의 경험은 나의 경험이
혼자만의 것이 아님을 인식하게 했고, 이는 공통의 경험을
설명할 수 있는 차별, 억압, 배제, 폭력, 혐오 등의 언어를
만드는 움직임으로 이어졌다.

그러나 누군가의 절박한 목소리가 계속해서 찬성 또는

---

30   정아연, "문재인 '동성애 찬반 문제 아냐 … 동성혼은 사회적 합의 필요'",
〈KBS뉴스〉(2017년 4월 17일 방영), https://mn.kbs.co.kr/news/
view.do?ncd=3471597

반대의 말로 돌아오는 것, 혹은 누군가의 당장의 생존이
"나중의" 문제로 미루어지는 것은 무엇을 의미하는가. 이는
사회적 합의를 위한 의사결정 규칙이 모든 구성원에게 동등한
목소리를 보장하고 있지 않다는 것, 즉 성소수자가 "동등한
수준에서 사회적 삶에 동료로 참여하는 것을 방해받고
있음"[31]을 의미한다. 들을 준비가 되어 있지 않은 사회에서
사회적 합의라는 말은 성소수자의 인권을 외면하고자 하는
변명일 뿐이다.

그렇다면, '지금' 우리는 무엇을 질문해야 하는가.
먼저 누구의 목소리가 들리고 들리지 않고 있는지, 누구의
목소리가 사회적으로 합의할 만한 '지금'의 문제/나중의
문제로 논의되고 있는지, 이러한 문제들이 누구의 언어로
이야기되고 있는지를 질문해야 한다. 또한 다양한 욕망, 관계,
존재들을 이성애와 동성애 두 가지만으로 분류하고 이 두
가지 범주에 경제적, 정치적, 문화적 자원들을 불평등하게
분배할 뿐만 아니라 이 두 범주로 인식되지 않은 존재들은
살 수 없게 만드는 구조에 대해 질문해야 한다. 나아가 성적
지향을 기반으로 한 단일한 정체성 관념과 집단의 불가능성을
인지하며, 성적 지향이 성별, 계급, 장애 등 개인의 삶을

---

[31]   낸시 프레이저, 앞의 책, 211쪽.

불평등하게 조직하는 축들과 교차하며 만드는 다층적인 차이'들'을 고민해야 한다.

　새롭게 짜인 질문은 이 질문에 얽힌 사회의 성원으로서 각자의 위치와 역할과 책임에 대한 고민이 될 것이다. 여기에 찬성, 반대, 무응답은 더 이상 유효하지 않다.

　지하 공간의 아이를 보고 분노했던 사람들 중 몇몇은 끝내 오멜라스를 떠나버린다. 정의롭지만 충분히 정의롭지 못했던 이들이 떠나지 않았다면, 아이의 목소리에 귀를 기울였다면 이야기의 결말은 달라졌을 것이다. 우리는 아이가 사람들의 외면 속에서 "구해달라"는 목소리를 잃게 되었다는 것을, 악을 행한 얼굴이 평범한 얼굴이었다는 것을 기억해야 한다. 어쩌면 이것이 지금, '우리'의 얼굴일 수도 있다는 것을.

#고독의_반대말

(성소수자_노동자로_살면서)

#이주언

성소수자 노동자, 행동하는성소수자인권연대 회원

나는 여성이며 성소수자[1]다. 그리고 매일 아침 어렵사리
일어나 가기 싫은 직장에 늦지 않고 출근하기 위해 본능적으로
뛰고 있는 그 흔한 노동자 가운데 하나다. 이것만으로 나를
설명하기란 부족하겠지만, 이것들은 내 삶을 구성하는 가장
중요한 맥락들이다.

　'여성 성소수자'로서의 나는 잘 보이면서 동시에 잘
보이지 않는다. 가족들 속에서, 학창 시절의 친구들 사이에서,
그리고 회사에서 나는 평범한 구성원으로 '잘 보이지만',
동성애자로서 내 모습은 쉽게 보이지 않는 채 가려져 있다.

[1]　'성소수자sexual minority'는 사회적 다수인 이성애자, 시스젠더와 비교되는
　　성적 지향이나 성 정체성, 신체 등을 지닌 이들을 통칭한다. 동성애자뿐만 아니라
　　양성애자와 트랜스젠더, 간성, 젠더퀴어 등도 포함한다. 이 글에서는 글쓴이의
　　개인의 삶과 사회적 인식 모두를 설명하는 과정에서 동성애자와 성소수자를
　　교차해 사용했다.

아니, 어쩌면 나는 없는 존재인지도 모른다.

그중에서도 내가 노동자로 몸담고 있는 회사라는 공간은 하루의 대부분의 시간을 보내면서도 나를 최소한으로 노출하는 곳이다. 번듯해 보이는 직장에서, 비혼인 나는 전문적인 것처럼 보이는 "골드미쓰"라는 이름으로 치장되어 있지만, 성소수자인 나는 삭제되어 있고 그것은 감춰야 하는 정체성이다.

성소수자라는 개념이 머릿속에 없기 때문에 사람들은 자기 주변에는 성소수자가 없을 거라고 생각한다. 성소수자라는 존재를 인지하지 못한 채 TV나 영화에서 과장되고 왜곡된 모습으로만 겪을 뿐 자기 주변에는 "그런 사람"이 없다고 여긴다. 그러다 보니 자연스레 비하와 혐오, 편견과 차별의 언어를 쉽게 내뱉는다. 그렇게 무시와 부존재로 삭제당하는 성소수자로서의 내 삶은 일상적으로, 배제된다.

직장, 노동의 공간에서 성소수자로서의 일상은 노동의 소외에다 차별을 얹은 채로 살아가는 것이다. 성소수자로 살며 삶의 대부분의 시간을 보내는 일터 속에서 인지하는 차별은 더 긴 시간, 더 넓은 범위로, 구석구석에 스며든다. 그리고 그 시공간에서 '나'는, 나답지 않고 온전하지 않은 모습으로 버틴다. 이 극적인 공간에서, 정체성의 뿌리인 '성소수자 여성 노동자'로서의 내 이야기를 어디서부터 시작해야 할까?

1. 나, 성소수자

내가 처음으로 동성애자인 것을 인식했던 것은 초등학교 고학년, 사춘기 시절이었다. 그것은 마치 언어를 배우기 전 아이의 상태처럼 본능적인 것이었다. 이것은 "레즈비언"이라는 언어로 규정하기에 앞서, 내가 어떤 사람으로 보이고 싶고 어떤 사람에게 끌리는지와 같은 단순한 것이었다. 나에게 성소수자로서의 자각이란 성장 과정의 일부였고, 손톱이나 머리카락처럼 잘라내도 또 자라나는 자연스러운 것이었다. 이 '현상'을 마땅히 무엇으로 정의할 수는 없었던 사춘기를 막 지나던 고등학교 시절, 동성애적 관계라는 구체적인 범주에 나를 넣어보게 되었다. 그런데 막상 성애적 관계 속에서 감정들을 맞닥뜨렸을 때 반가움보다는 자기혐오가 컸다. 동성애는 성장기에 있을 법한 혼돈이나 방황에 불과하며 나이를 먹으면 자연스럽게 교정되거나 개선될 것이라는 잘못된 성교육 속에서 부모와 사회가 바라는 모습으로부터 어긋나 있는 나를 받아들이는 것은 쉬운 일이 아니었다. "너 레즈비언이냐?"나 "너 동성연애 하니?" 같은 의심과 비난 속에서 성 정체성을 긍정하기란 어려운 일이었다. '나와 비슷한' 고민을 하는 사람을 만날 수 없었던 학창 시절에는 〈필라델피아〉 〈패왕별희〉 〈토탈 이클립스〉와 같은 영화 속에서 동성애자나 동성애적 관계를

만나는 것이 고작이었다. 그러나 영화 속에서의 성소수자들은
평범하다기보다는 '이상한' 집단이었고, 그들의 삶은 HIV/
AIDS에 대한 공포에 초점이 맞춰져 묘사되거나 또는 한 많고
고된 것으로 그려지고 있었다.

　　대학에 입학해, 소수자로 고단하게 살게 될지도 모른다는
두려움에 이성애자로 평범하게 살기 위한 부질없는 노력을
했다. 소개팅과 미팅, 남자친구 사귀기….

　　그러다가 우연한 기회에 피시 통신의 동성애자
커뮤니티를 접하게 되었다. 적어도 그곳에서는 거짓말을 할
필요가 없었고, 영화와 매체에서 다루는 '이상한 사람들'이
아닌 나와 비슷한 고민을 거쳐 온 성소수자를 난생처음 만날
수 있었다. 레즈비언들을 만나러 '첫 번개'를 나가던 날의
기대와 설렘은 아직도 생생하다. 그날 이후 내 삶은 많이
달라졌다. 그 시절 나는 치열했다. 당시 만난 성소수자들과
함께 모여 책을 보고, 공부를 하고, 여성 성소수자를 대상으로
하는 잡지를 만들기도 했고, 영화제와 퀴어문화축제
기획단에서 활동하기도 했다[2]. 돌이켜보면 난생처음 정체화한

2　　한국 퀴어문화축제는 2000년에 처음 열렸다. 당시 소규모 성소수자 모임들이
　　기획단을 꾸려 스톤월 항쟁 기념 토론회, 영화제, 서울 연세대학교의 캄캄한
　　교정을 한 바퀴 도는 행진 등을 주요 프로그램으로 구성했다. 축제는 2017년
　　18회를 맞았다.

동성애자들을 만나고 퀴어 이론을 접하면서 성소수자에 대한 배제와 차별을 고민했던 시간 속에서, 어릴 적부터 품어온 질문에 대한 답을 찾으려 했던 것 같다. 이 과정에서 나는 스스로에게 커밍아웃하며 자신을 긍정하는 에너지를 얻었다. 그러나 또 다른 한편에서는 들키지 말아야 할 '비밀'을 잘 지켜 "아웃팅"되지 않아야 자긍심을 훼손당하지 않고 성소수자로 잘 살 수 있을 거라 생각했다. 그 결과 나는 스스로에게 이성애자들보다 더 엄격한 평가 기준을 적용했던 것 같다. 더 성실하고, 모범적이고 반듯한, '정상성에서 어긋나지 않는' 사람이 될 필요가 있었다.

스무 살 남짓의 삶에서 성 정체성의 인지와 확인, 그리고 부정과 긍정은 인생의 가장 큰 사건이었다. 그러나 이 사건은 '사건'을 넘어 내 삶의 조건이며 바탕이 되었다.

2. 나, 성소수자 여성 노동자

그러나 시간이 지날수록 개인적인 자긍심만으로는 내가 겪고 있는 억압에서 벗어날 수 없다는 생각이 커졌다. 나는 성소수자를 차별하는 세상을 근본적으로 바꿔야 한다는 생각으로 눈을 넓혔다. 내가 몸담고 있는 자본주의사회에서 부정적인 방식으로 억압을 재생산하는 가족제도 역시 없애야 할 대상 중 하나였다. 이는 지금까지도 변하지 않는

명제이지만, 성소수자들은 그 가족제도의 지긋지긋함조차
느낄 수 없었고 그것은 '반대'해야 할 것이면서 한편으로는
'쟁취'해야 할 것이기도 했다. 이렇게 얻은 각성으로
성소수자운동을 지나 학생운동과 사회운동에 참여해왔다.
함께 활동했던 친구들은 자본주의와 가부장적 가족 관계가
결합되어 있는 이성애적 결혼 제도를 줄곧 반대했고,
동성애자가 억압받지 않는 새로운 가족제도를 쟁취할 수
있을 때까지 함께 거부해줄 것 같았다. 그러나 친구들은
결국 현실을 이유로 결혼을 선택하거나 다양한 방식으로
'안정된 삶'을 택했다. 친구들에게 섭섭한 마음이 드는 대신
억압의 굴레조차도 공평하게 주어지지 않는 현실에 화가
났다. 내겐 사랑하는 사람을 가족과 사회에 드러낼 수 있는
절차나 제도조차 없었기 때문이다. 우리의 존재를 담아내거나
기쁨이나 슬픔, 분노를 묶어둘 제도는 현실에 없었다. 나는
그것이 슬펐다.

　　삶의 목표가 밥벌이는 아니었기에 궁리하고 싸우며
열어둔 세계를 향한 창문을 닫을 수는 없었지만, 이상의
추구만으로 삶을 보장받을 수 없다는 사실은 커다란
두려움이었다. 많은 노동자가 그렇듯 나 역시 자기실현이나
성취와는 관계없이 삶의 안정을 위한 최소한의 장치로
노동시장에 진입했고 더 나은 일자리를 좇아 이직을 거듭했다.

그러나 급여나 처우는 조금씩 개선되었을지언정 어떤 직장에
있든 성소수자인 나의 삶은 개선되지 않았다.

어느덧 15년 차 여성 노동자로서 몸이 노동을 기억하고
육신에 인이 박이는 동안, 체념과 차별 역시 몸의 일부처럼
하나가 되었다. "직장인"이라고 불리는 노동자로서 나는
여느 노동자들이 느끼는 밥벌이의 고통과 일터에서의 소외에
더하여 성소수자에 대한 차별 속에서 하루하루를 살아낸다.

3. 보장을 위한 제도, 차별을 강화하는 제도

취업의 시험대를 통과해 입사를 하고 나면 '현실'의
벽에 맞닥뜨리기 마련이다. 노동자들은 입사 직후 급여와
휴가, 그리고 다양한 복지 제도를 얼마나 누릴 수 있는지
등을 빠르게 탐색한다. 나 역시 첫 출근 후 두꺼운 규정집을
읽었다. 권리와 의무를 제한하는 내용은 복잡하고 많았다.
'취업규칙'에는 정치 활동 금지 조항에서부터 '남성'과
'여성'이 계절에 따라 무엇을 입어야 하는지까지 상세히 실려
있었다. 그리고 그렇게 세세히 나열되어 있는 의무를 준수하면
누릴 수 있는 급여, 후생, 복지에 관한 다양한 제도들이
규정으로 명시되어 있다. 나는 입사 후 배정받은 책상에서
규정집을 일독한 후 체념 속에 덮고 말았다. 지켜야 할 일은
참 많은데 복지 제도를 이용하기 위해 규정집을 다시 볼 일은

없겠다고 생각했다.

　가족의 경조사와 건강검진, 자녀의 교육비 지원,
사택지원비 등 모든 복지 제도는 이성애적 결혼을 전제로
하고 있었다. 무주택자인 이성애자 기혼 직원들에겐
결혼예정증서만 있어도 수도권의 작은 아파트 정도는 얻을 수
있는 전세금 지원 제도가 있었지만, 나는 해당 사항이 없었다.
직원과 배우자에게 건강검진을 제공하지만 내 파트너는
적용받지 못한다.

　회사가 제공하는 복지 외에도, 직원들은 '당연가입' 되는
사우회의 기금이 회사 차원에서 운영되고 있었다. 대표적으로
본인의 결혼과 출산에 꽤 큰 액수의 돈이 지원되고 양가
부모의 환갑과 칠순 등 각종 경조사에도 경조비가 지급되고
있었다. 결혼을 한 직원들의 경우 양가 부모 최대 4명에게 이
제도가 적용되는데, 이 모든 것이 나에게는 해당되지 않았다.
이성애자 기혼자들은 배우자가 병에 걸리면 간병을 위한
'돌봄휴직'을 신청할 수도 있었지만, 역시나 나는 이를 증명할
도리가 없으므로 해당 사항이 없었다. 배우자의 원거리 근무나
유학, 발령 등으로 동반 휴직을 신청할 수도 있었지만, 내
파트너가 어디에 있든 회사 입장에서는 알 바가 아니었다.
해외 출장 시에도 가능한 경우 배우자를 동반할 수 있었지만,
나는 내 파트너의 존재를 숨기기 바쁜 것이 현실이었다.

나는 이성애자 동료들이 누리는 이 모든 제도가
정당하다고 생각한다. 노동자들이 일을 잘하려면 그 삶이
온전해야 하고, 이를 위해 "부부"로 이름 붙은 파트너십과
가족 구성원이 건강해야 한다는 전제가 깔려 있는
복지 제도이기 때문이다. 더 좋은, 더 나은 제도가 모든
노동자들에게 보장되기를 바란다.

그러나 기혼의 이성 부부를 중심으로 한 보장이 커질수록
제자리이기만 한 성소수자들의 삶은 상대적으로 뒷걸음친다.
남들보다 못한 삶을 확인하는 순간, 나는 이 사회에 존재하지
않는 사람이라는 소외감을 벗어나기 어렵다. '현실'이라는
이유로 아무리 체념하려 해도, 매번 아무렇지 않게 받아들일
수만은 없다.

한편으로는 내가 다니고 있는 회사, 단일 사업장에만
동성 부부나 파트너십을 인정하는 제도가 제정된다고 해도
내 삶은 크게 달라지지 않을 것이라고 생각한다. 해외 상당수
국가에서는 우리보다 개선된 제도와 인식이 자리 잡은
덕분에 여러 기업에서 동성 간 파트너십을 제도로 인정하는
경우가 있다. 예를 들어 한국에 법인을 둔 IBM이나 구글과
같은 일부 기업들은 직원을 채용할 때 성소수자임을 밝힌
지원자를 선호하기도 하고 심지어 그것을 실적으로 삼기도
한다. 그러나 정작 나의 직장이 성소수자에게 우호적이라고

해도 커밍아웃을 전제하는 여러 복지 정책을 내가 선뜻
이용할 수 있을지는 의문이다. 직장 안에는 다양한 관계와
의식이 모순되게 존재하기에 성소수자로 받는 편견과 차별이
제도만으로 해결될 수는 없다는 뜻이기도 하다. 일례로 일반
사업장은 아니지만 2015년 민주노동조합총연맹이 동성
배우자나 파트너에게 가족 수당과 복지 수당을 지급하도록
규정을 개정했다. 동성 간 결합이 법적으로는 불가능한
우리의 현실에서 변화의 단초가 될 만한 좋은 소식이었다.
그러나 이것이 민주노총이라는 한 단체의 내규를 넘어서
모든 사업장에 적용되지 않는다면, 민주노총에서 일하는 이와
다른 사업장에서 일하는 파트너 모두 그 제도를 적용받을 수
없다. 결국 당연한 권리를 '아무렇지 않게' 누리기 위해서는
단단하게 자리 잡고 있는 제도와 차별의 문제가 함께
해소되어야만 한다. 그것은 국가기관, 제도와 정책, 교육과
문화, 사회적 인식 등 모든 것과 관련이 있다.

4. 생존 전략: 비정상으로 낙인찍힌 삶

불평등한 제도만큼 이성애와 결혼, '정상 가족'이 당연한
전제가 되는 직장의 분위기나 문화는 '그 밖의' 범주에 있는
이들과 성소수자들을 힘겹게 한다.

입사한 지 얼마 되지 않은 어느 날, 업무에서 두어 번

만난 다른 부서 상사가 점심 식사를 함께하자고 연락이 왔다.
한없이 어색했지만 원만한 직장 생활을 위한 노력이려니 하는
생각으로 나간 식사 자리에서 이런저런 이야기를 나누던
중에 상사가 내 "중매"를 서겠다고 말했다. 그 이후로도
두어 차례 그런 자리가 있었고 그럴 때마다 "만나는 사람이
있다"고 말하면 "왜 결혼을 하지 않냐?" "상대는 뭐 하는
사람이냐?" "나이는 몇 살이냐?" "결혼이 늦으면 출산이
문제다" 등의 뻔한 말들이 꼬리에 꼬리를 물며 나를 괴롭게
했다. 결혼과 양육이 대화의 대부분을 차지하는 점심시간은
지루하고, 힘들었다. 서로의 삶에 대한 관심이 없이 오로지
'당연하다'고 여겨지는 결혼, 양육, 재테크를 주제로 삼아야
하는 회식은 더욱 끔찍했다. 흔히 동성 간 결합에 대해서는
사회적 합의라는 단계를 덧붙이곤 하지만 '정상성'이라는
기준이 만들어둔 틀은 그 기준에서 벗어난 사람들을 특별히
더 괴롭힌다. 결혼을 하지 않고 아이를 키우지 않는 사람들은
독특한 사람으로 취급당하기 일쑤고, 그런 기준에 대한
문제의식이나 의구심을 제기하는 순간 한순간에 까칠하고
별난 사람이 된다. 비혼 여성을 추켜세우는 것 같지만
사실 "골드미쓰"와 "히스테릭한 노처녀"는 한 끗 차이다.
다수가 정해둔 기준에서 벗어나 있는 사람들에게는 편견이
덧씌워진다. 유별난 성격 탓에 특이하게 사는 것이고 결혼을

'하지 않은 것'이 아니라, 결함이 있어 '못한' 사람이 된다. 그런데 어쩌면 내 경우에 그 말은 완전히 틀린 말은 아니다. 나는 '결혼을 하지 않은' 게 아니라 하고 싶어도 못 한 것이 맞다.

　　나에게 우호적이지 않은 사회 속에서 나이를 먹다 보니, 의례적으로 축하를 전하던 주변 이성애자들의 결혼을 대함에 있어서도 조금씩 태도가 달라졌다. 나는 누릴 수 없고 내 몫도 아닌 제도와 의례가 결합된 그것을 더 이상 속없이 받아들이고 축하할 수만은 없게 되었다. 그야말로 잔칫집의 기름 냄새가 역하게 느껴졌다. 어느 순간부터 나는 직장 생활을 유지하기 위해 비싼 값을 치러야 하는 각종 의례와 성소수자로서의 건강한 내 삶 가운데 후자를 택하기 시작했고, 노동의 공간에서 만난 사람들에게 점점 무관심해졌다. 그 결과 결혼식보다는 공평하게 벌어지는 애사哀事 중심으로 마음을 전하기로 했다. 손에 꼽을 만큼 친한 사이가 아니라면 야박한 사람이 되더라도 결혼식에 불참하기로 했고, 축의금도 내지 않기로 했다.

5. 생존 전략: 보이지 않는 삶이 만들어낸 '거짓말'

　　주변 성소수자들 중에는 매우 드물지만 계약 결혼을 한 경우가 있다. 그들의 선택을 차별받는 삶을 개선하기 위한 근본적인 방법으로 추천할 수는 없다. 하지만 가족과 회사에서 노골적이고 실질적인 차별과 불이익을 당하는 현실 속에서 어쩔 수 없이 선택한 방법을 덮어놓고 비난만 할 수 있을까? 그들의 선택은 적어도 다른 누군가를 착취하거나 억압하면서 더 많은 것을 누리기 위한 것이 아니기 때문에 더 그렇다. 이성애 중심 사회가 정해둔 질서와 순서에 따르지 않았다는 이유로 성소수자들은 함량 미달의 미숙하고 무능한 존재가 되어버리고, 이는 자긍심을 해치는 것에서 더 나아가 그들로 하여금 극단의 불편함을 선택하도록 만들기까지 한다.

　나 역시 동성애인을 이성애인으로 짜 맞추는 것에 익숙했다. 학창 시절에는 "그녀를" 군대에 보내거나 유학을 보내기도 했고, 직장 생활 중에는 해외 파견 근무를 보내야 했다. 이 거짓 시나리오를 누가 비난할 수 있을까?

　서로를 향한 껍데기뿐인 관심에서 출발한 대화가 불손함을 모르고 끝없이 이어질 때, 시도 때도 없이 사생활을 침해하는 것도 문제지만, 가장 괴로운 건 내가 쌓아 올린 삶에 대한 자긍심이 침해받을 때다. "왜 이렇게 살아야 하는가… 왜 늘 거짓을 말해야 하는가… 내가 대체 무엇을 잘못했기에…" 하는 서러움은 특정 대상에 대한 불신이나 실망이 아니라 어디에서부터 손을 대야 할지 모르는 이 사회에 대한 대책 없는 절망과 자기 연민으로 이어지곤 한다.

#

　　많은 이들은 자신에게 보이는 다수의 삶의 형태가 세계의
전부라고 여긴다. 그러다 보니 20년 넘게 성소수자로 살고
있는 내가 '너의' 옆에 있는데도 식사와 회식 자리, 그리고
일상적인 공간에서 버젓이 성소수자에 대한 농담과 비하,
혐오가 판치곤 했다. "증권가 찌라시"가 한 번씩 돌고 나면
"연예인 아무개가 게이라더라…" "결혼도 않고 뒷소문이
안 좋더니 그럴 줄 알았다" 등등 듣기 민망한 이야기들이
술안주처럼 오르내렸다. 그럴 때마다 대화를 교정하려고
해봤지만 결국 상황을 회피하거나 주제를 전환하는 쪽으로
애쓰게 됐다. 여기에는 당사자인 내가 주제를 두고 공방하는
것이 오히려 의심을 사지 않을까 하는 위축감도 한몫했다.
성소수자에 대한 편견으로 가득한 대화들을 가만히 듣다
보면 차라리 우리의 존재에 대해 무관심한 편이 낫다는
생각이 들 정도였다. 영화나 드라마와 같은 다양한 문화 예술
분야에서 성소수자의 삶을 주제로 한 작품들이 많아지고,
대衆사회적으로 커밍아웃한 사람들이 늘어났다. 성공한
성소수자들을 보며 긍정적 인식도 높아졌다. 그러나 의식과
제도가 충분히 결합되지 않는다면, 입과 눈에 오르내리는
빈도가 많아진다고 해도 그것이 성소수자의 존재와 삶에
대한 긍정적인 관심과 실질적 개선으로 이어지기 어렵다.
커밍아웃을 하지 못한 성소수자 당사자가 옆에 있어도

아무렇지도 않게 내뱉는 혐오와 편견으로 가득한 말을
일상적으로 들을 때마다 체념하거나 위축되는 나의 모습은
상처받지 않을 만큼만 아슬아슬하게 살아가는 '처신'과
'처세'가 몸에 밴 모습이다. 그 공간에서 나의 행복, 자긍심은
찾기 어렵다.

6. 분리와 분열: 나는 영원히 나로서 행복할 수 없는가

성소수자들은 다양한 이유로 커밍아웃을 한다.
나도 가까운 이들에게 커밍아웃을 한 경험이 있지만
단지 가깝고 친밀하다는 이유만으로 커밍아웃을 할 수는
없다. 성소수자들은 왜, 오늘 만난 성소수자 친구에게
자신을 드러내는 것보다 짧게는 수년, 길게는 자기 삶의
대부분을 함께한 친구와 가족들에게 나를 설명하는 것을 더
어려워할까? '실패한' 커밍아웃으로 자칫 소중한 사람들을
잃을까 봐 두렵기 때문일 것이다.

커밍아웃은 거짓 없이 온전히 나를 보여주고 싶다는
욕망에서 비롯되는 것이며, 자신의 삶 속에서 분리되거나
불일치하는 부분들에 대한 불편감을 털어내기 위한 것이다.
정체성을 드러내지 못한 채 스스로를 두꺼운 장막 안에
가두고 삶 속의 희로애락을 소중한 이들과 공유할 수 없다는
점은, 관계와 그 속에서 생기고 사그라드는 자연스러운

감정의 흐름을 막아 '소화불량 상태'를 지속하게 한다. 그저
'다르다'는 이유 하나로 받는 차별 때문에 성소수자들은
온전히 스스로의 삶을 살기 위해 일생일대의 용기를 부려야
한다. 직장은 이 용기조차 무망하게 만드는, 나를 감추기
위해 홀로 고통을 감내해야 하는 극단의 공간이 아닐까 싶다.
나에게 직장은 커밍아웃을 고려할 수 있는 영역이 아니다.
지난 십수 년 동안 직장 생활을 하면서 그랬듯이, 앞으로도
직장이라는 공간에서 누군가가, 또는 내가 누군가에게
커밍아웃을 할 리는 없다. 직장은 하루의 절반 이상의
시간을 차지하는 일상의 공간이고 길게는 20년 이상을
몸담게 되는 공동체임에도, 나에겐 어림없는 공간이기도
하다. 비非성소수자 동료들의 경우 직장에서 동료와 친분을
쌓아나갈 뿐만 아니라 결혼과 출산, 양육을 통해 각종
관계를 확장하고 재생산한다. 누군가에게는 이곳이 관계의
전부이기도 하다. 나 역시 노동에 찌든 스트레스를 풀며 차
한잔 혹은 맥주 한잔할 수 있는 그런 동료가 있었지만, 막상
그들 머릿속의 성소수자에 대한 편견과 무지를 확인하는 순간
내 삶이 그들에게 접수되지 않을 것이라는 걸 어렵지 않게
확인하고는 거리감을 두게 되었다. 간혹 주변의 친구들에게서
직장 동료들에게 커밍아웃을 한 성공담을 종종 듣기도 하지만,
극도로 농축된 형태의 차별과 혐오가 나와 밀접한 거리에서

장기간 지속적으로 일어나는 작업장에서의 커밍아웃은
자칫 전부를 잃게 될 수도 있는 도박이다. 많은 것을 나누고
의지하면서도 결국은 솔직하기 어려운 순간을 마주했을 때
느끼는 결핍은, 이곳이 그저 한계로 가득 찬 집단이라는 점을
반복해서 확인하게 할 뿐이다. 그러므로 성소수자로의 삶과
직장인으로의 삶을 노련하게 분리하는 것은 내가 나로서 살지
못하는 시나리오의 핵심 같은 것이다.

7. 나와 내 사랑을 부정하지 않는 세상, 두려움에서 해방되는 삶

오늘도 부랴부랴 출근을 해서 기계적으로 노동을 한다.
시간이 날 때면 곧 만기가 도래하는 전셋집에서 이사할 생각에
부동산 사이트도 드나든다. 치솟는 전셋값을 보며 나에게
해당되지 않는 규정에 절망하고 다른 방법을 생각하기로 한다.
동료들과의 점심 식사에서는 "남자친구 사진 좀 보여달라"는
말에 "사진이 없다"고 답변하고 돌아선다. 퇴근하는 길에
지나치는 시청 앞 광장에는 태극기와 성조기를 함께 휘날리는
'태극기 시위대'와 "동성애 합법화 반대" 같은 혐오가
넘쳐나는 플래카드가 여전하다.

일상 속에서 나와 내 사랑은 누군가에게는 대체로
존재하지 않거나 혹은 부정당한다. 또는 누구도 묻지 않거나,
묻는 것을 두려워하는 대상이다. 가시화될 수 없거나 가시화를

위해 에너지를 쏟아야 하는 내 삶과 사랑은 그 자체로 투쟁일 때가 많다. 누군가는 우리에게 말한다. 현실은 딱하지만 소란 피우지 말고 조용히 살라고, 그러면 혐오나 반대의 대상도 되지 않을 거라고. 그러나 누구도 나의 삶을 반대할 수 없고, 나는 존재하므로 내 사랑과 삶은 투쟁이 될 수밖에 없다.

지금 이 글을 쓰는 2017년 봄, 우리의 이야기를 해야겠다. 한 육군 대위가 게이라는 이유로 체포되어 군사재판에서 최고형을 구형받고, 실형을 선고받았다. 단지 동성애자라는 이유에서다[3]. 독실한 기독교 신자라는 육군참모총장에 의해 지시된 이 사건은 수사 과정에서 성 정체성과 성행위, 사회적 관계에 대한 진술을 받기 위해 불법적인 취조를 하는 인권유린이 자행됐다. 그리고 공개된 녹취 파일에서 수사관의 목소리는 낙인찍기와 색출, 그리고 범죄화 그 자체였다. "니네는 그렇잖아"라는 끝없는 혐오 속에서 당사자는 때로는 침묵했고 때로는 위축된 채 대답을 이어갔다. 그렇게 그는 자신의 의지와 관계없이 어머니에게 아웃팅 되었다. 정작 '그 사실'을 알게 된 어머니는 아들의 삶을 옹호했다. 게이라는 사실만으로 한 명의 인간 그리고 능력을 인정받은 군인으로 살아온 삶을 무너뜨리는 그 순간에조차, 그의 정체성을 억지로

---

3   군형법 92조 6항에 따라 동성 간 성행위를 하는 군인은 처벌이 가능하다.

바꿀 수는 없었다. 낙인과 고립, 색출로 바꿀 수 있는 것은
아무것도 없다.

　　그리고 '촛불혁명'의 결과로 새로운 대통령을 선출하는
선거가 한창이던 당시, 선거운동 과정 중 공식적으로 진행된
후보자 토론 방송에서 동성애와 HIV/AIDS를 혐오하고
왜곡하는 발언이 쏟아졌다. 극우 진영의 후보는 "동성애에
확실히 반대하는 후보"라는 팻말을 들고 선거운동을 했다.
누구도 나를 찬성하거나 반대할 수 없음에도 지금은 대통령이
된 유력 후보와 정치인의 입에서 쏟아지는 "반대한다"는 말을
들으며 나는 생각했다. 표현의 자유에 기대어 특정 집단을
혐오하는 발언이 위정자를 자처하는 사람들의 입을 통해
공공연히 유포되는 것이 용인되는 사회에서, 성소수자들은
온전히 평등하고 '아무렇지 않은' 사랑을 꿈꿀 수 있을까?
뜨거운 선거의 열기 속에서 성소수자의 삶은 '인권'의
이름으로 우리 사회의 가늠자가 되기도 했지만, 동시에
다른 한편에서는 혐오와 공격의 칼날로 수단화되었다. 비록
아이를 낳고 키우기 어려운 비정한 노동 현실 때문에 지킬 수
없다고 하더라도 육아와 출산에 대한 빈 공약이나마 쏟아져
나오는 선거판에서, '저출산·육아 대책'만큼 차별을 없앨 수
있는 보편적 인권과 반차별에 관한 공약과 사회적 약속은
강조되어야 한다.

8. '고독'의 반대말

금요일 저녁 퇴근을 한 밝은 모습의 나를 보고 친구들은
회사에서의 내 모습을 궁금해했다. 여느 직장인처럼 퇴근 후의
나는 직장에서와는 많이 다르다. 반톤 낮은 목소리, 덜 웃는
나. 나는 일상의 대부분을 보내는 공간에서 특별하고 긴밀한
관계를 만들기를 체념한 상태에 있다. 분리시키고 분열되는
것에 능숙하며 그것을 삶의 자연스러운 일부로 삼고 있는
나의 상태는 노동 현장에서의 소외감을 넘어 고독에 가깝다.
어쩌면 내가 선택한 고독은 차라리 삶을 지키고, 살아내기
위한 것이었을지도 모른다. 아슬아슬한 삶이 쉽지 않지만
그렇다고 쉽게 절망하기는 싫다. 나의 고독의 뿌리에는 결국
비성소수자들이 다수인 사회가 있지만, 내가 겪는 사회의
문제가 개인들에게 있다고 생각하지는 않는다. 그래서
나는 사회를 원망하지 않는다. 다만 차별과 불평등을 겪는
당사자가 아닌 사람들도, 약한 사람도 잘 살 수 있는 삶에
대해 끊임없이 함께 묻기를 바란다. 존재가 삭제된 성소수자,
열악한 노동조건에 있는 비정규직, 삶을 살기 위해 제도적
장치가 절실한 장애인, 빈곤의 극단적 상태에 놓인 노숙인,
HIV 감염인 등을 위해서 말이다. 성소수자 당사자인 내가
사회 곳곳에서 만나는, 사회적 약자라고 뭉뚱그려져 불리는
이들의 권리에 귀를 기울이는 이유는 단순하다. 보편의 인권이

향상되었을 때 그것을 누리는 것은 당사자만이 아니라 사회 구성원 전체라는 단순한 원칙 때문이다. 여성에게 좋은 것이 남성에게도 좋고, 장애인에게 좋은 것이 비장애인에게도 좋은 것이다. 성소수자 노동자들의 삶의 개선은 비성소수자의 삶에도 좋은 것이다. 그래서 나는 비성소수자 친구들에게 나의 권리 때문이 아니라 너를 위한 것이라고 말하고 싶다.

2014년에 타계한 가브리엘 가르시아 마르케스의 "고독의 반대말은 유대"라는 말처럼 내 삶에, 내 고독에 모두가 함께 연대해주기를 바란다.

아마도 나는 앞으로도, 지금까지 줄곧 그랬듯이 여성이며 레즈비언으로, 그리고 평생을 평범한 노동자로 살 것이다. 세상을 만들어가는 평범한 노동이 이 사회에서 쉽게 보이지 않듯, 나는 보이지 않지만 보이고, 늘 존재한다. 나를 구성하는 노동자라는 정체성이 그러하듯 성적 정체성이 슬픔의 이유가 아니라 아무렇지 않게 나를 증명하는 세상을 꿈꾼다.

"Viva la vida(인생이여 만세)."

아래는 실제 기업에서 시행 중인 '복지 규정' 중 일부 조항을 성소수자가
적용받을 수 있도록 개정해본 것이다. 다만 가족을 그 대상으로 할 때는
성소수자 가족으로 한정할 것이 아니라 다양한 형태의 가족 구성을 고려해야
하며 여기에는 국가와 사회 전체의 다양한 노력이 필요하다.

「복지규정」 개정(안)[4]

제1조(건강진단)
직원 및 그 배우자에 대하여는 매년 건강진단을 실시한다.

→ 　제1조(건강진단) 직원 및 그 배우자에 대하여는 매년 건강진단을
　　실시한다. 여기서 '배우자 및 가족'은 동반자로 함께 생활하고 있을
　　경우에 혼인 관계의 법적 인정 및 혈연 여부와 상관없이 인정된다.

제2조(휴직)
직원은 배우자의 원격지 근무 및 기타 사유로 근무가 어려울 경우 동반
휴직을 신청할 수 있다.

→ 　제2조(휴직) 직원은 배우자의 원격지 근무 및 기타 사유로 근무가
　　어려울 경우 동반 휴직을 신청할 수 있다. 여기서 '배우자 및 가족'은
　　동반자로 함께 생활하고 있을 경우에 혼인 관계의 법적 인정 및 혈연
　　여부와 상관없이 인정된다.

제3조(가족돌봄휴가)
직원은 가족의 질병, 사고, 노령 등을 이유로 그 가족을 돌볼 필요가 있을 때는

휴가를 요청할 수 있다.

→ 제3조(가족돌봄휴가) 직원은 '배우자 및 가족'은 동반자로 함께 생활하고 있을 경우 법적 혼인 관계 여부 및 혈연 여부와 상관없이 그 가족의 질병, 사고, 노령 등을 이유로 돌볼 필요가 있을 때는 휴가를 요청할 수 있다.

제4조(교육비 지급)
직원의 자녀에게는 교육비를 지원할 수 있다.

→ 제4조(교육비 지급) 직원 본인 또는 동반자로 함께 생활하고 있는 가족, 자녀에게는 교육비를 지원할 수 있다.

제5조(주택자금 지원)
① 무주택 직원으로서 근무지에서 부양가족과 동거하는 직원(단, 사택 대여 신청일로부터 결혼 예정일이 2개월 이내인 미혼 직원을 포함한다)
1. 근무지에서 부양가족과 동거하지 않는 직원으로서, 다음 각 목의 1에 해당하는 직원
가. 만 30세 이상인 미혼 직원
나. 직계가족이 직원의 근무지 외의 지역에 거주하면서 직원의 근무지에 주택을 소유하고 있지 아니한 미혼 직원
③ 부양가족이라 함은 직원의 배우자 및 국민건강보험법상 피부양자로 등록되어 있는 직원의 직계존비속과 직원 배우자의 직계존속을 말한다.

→ 제5조(주택자금 지원) ① 무주택 직원으로서 근무지에서 가족과

동거하는 직원

1. 근무지에서 가족과 동거하지 않는 직원으로서, 다음 각 목의 1에 해당하는 직원

가. 직계가족이 직원의 근무지 외의 지역에 거주하면서 직원의 근무지에 주택을 소유하고 있지 아니한 직원

③ 가족이라 함은 동반자로 함께 생활하고 있을 경우로 법적 혼인 관계 여부 및 혈연 여부와 상관없이 적용한다.

---

4   2010년 동성애자인권연대(현, 행동하는성소수자인권연대) 노동권팀이 주최한 '성소수자와 노동 토론회─우리들의 일터에 Pink!를 허하라'의 자료집을 참고했다.

#국가는_청소년_성소수자를_보호하는가
('청소년_보호주의'_정책에_대한_비판을_중심으로)

인권활동가

#

건전한 키스를 요구받다

두 사람은 서로를 사랑했다. 한 사람이 뜻하지 않은 이별을 고했을 때도, 두 사람은 서로를 사랑했다. 그래서 한 사람은 떠나는 다른 사람을 돌려세웠다. 그리고 진한 입맞춤으로 서로의 사랑을 확인했다.

여기서 질문. 이들의 키스는 건전한가.

2015년 4월 23일, 방송통신심의위원회(이하 '방심위') 회의장에서 때아닌 설전이 벌어졌다. "15세 이상 시청가 드라마인 JTBC의 〈선암여고 탐정단〉에서 '동성애 여고생 간의 키스 장면'을 노골적으로 클로즈업하여 방송한 것은 '불건전한' 내용으로 청소년들이 보기에 부적합하다"는 내용의 민원 때문이었다.

대부분의 위원들이 심의 초반부터 해당 장면에 나타난

키스의 성격을 '불건전'으로 규정한 채 논의를 진행했다.
당시 회의를 주재한 박효종 위원장은 "동성애는 동성애자들
간의 키스가 아니라 어깨를 두드리거나 손을 잡는 등 더
우아한 방식으로 표현할 수 있는데, 도를 넘겨 표현했다는
점에서 문제가 있다"는 발언으로 성소수자의 섹슈얼리티에
대한 편견을 드러냈고, 하남신 위원은 "나도 키스 신을 많이
보지만 여고생들이 키스하면서 더듬는 장면을 봤을 때는 이성
간의 키스와는 다른 자극을 받고 다른 상상을 하게 된다"는
발언으로 빈축을 샀다.

　　한편 장낙인 위원은 방심위가 청소년의 이성 간 키스
장면이 방영된 드라마 〈상속자들〉(SBS, 2013), 〈몬스타〉(tvN,
2013)에 대해 각각 각각 권고와 의견 제시로 처분한 점을
상기시키며 "권고 이상의 징계는 형평성에 어긋난다"는
입장과 함께 권고 의견을 냈다. 그러나 위원 아홉 명 중 여섯
명이 경고 의견을 냄에 따라 〈선암여고 탐정단〉에 대한 처분은
경고로 확정되었다. 경고 처분은 방송통신위원회가 방송사에
대한 재허가 심사 시 감점 요인으로 작용하는 중징계다.

　　방심위는 경고 처분을 내리면서 〈선암여고
탐정단〉에서의 동성 청소년 간 키스 신이 〈방송통신심의에
관한 규정〉 제27조(품위유지) 제5호, 제43조(어린이 및 청소년의
정서함양) 제1항을 위반했다고 명시했다.' 해당 규정 제27조는

"방송은 품위를 유지하기 위하여 시청자의 윤리적 감정이나 정서를 해치는 다음 각 호의 어느 하나에 해당하는 표현을 하여서는 아니 되며, 프로그램의 특성이나 내용전개 또는 구성상 불가피한 경우에도 그 표현에 신중을 기하여야 한다"고 규정하며, "다음 각 호" 중 하나로 "5. 그 밖에 불쾌감·혐오감 등을 유발하여 시청자의 윤리적 감정이나 정서를 해치는 표현"을 명시하고 있다. 또한 해당 규정 제43조 제1항은 "방송은 어린이와 청소년들이 좋은 품성을 지니고 건전한 인격을 형성하도록 하여야 한다"고 규정하고 있다.

규정상의 표현을 뒤집어 보면 동성 청소년 간 키스신은 '불쾌감, 혐오감 등을 유발하여 시청자의 윤리적 감정이나 정서를 해치는 표현'으로, '어린이와 청소년들이 좋은 품성을 지니고 건전한 인성을 형성하도록' 하지 못하고 있다는 이야기다. 그렇다면 '건전한 키스'는 과연 어떤 모습이어야 할까. 가볍게 입을 맞추는 정도로 끝나야 건전한 키스일까. 혀를 섞으면 불건전한 키스고, 혀를 섞지 않으면 건전한 키스일까. 아니면 청소년의 키스는 모두 불건전한가.

질문을 살짝 비틀어보기로 하자. '건전'이란 무엇인가.

---

1   "'선암여고 탐정단' 동성 키스신, 동성애를 조장했나?", 2015년 4월 23일 자 〈PD저널〉 보도 참조, http://www.pdjournal.com/news/articleView.html?idxno=55269

단순하게 사전적 정의를 가져오자면 그 뜻은 이렇다. "사상이나 사물 따위가 한쪽으로 치우치지 않고 정상적이며 위태롭지 않음". 의문이 명확하게 해소될 만한 말 풀이는 아니다. 한 단어를 규정한 문장이라고 하기에는 다소 모호한 감이 없지 않기 때문이다.

　　건전 판단의 영향을 미치는 대상이 청소년인 경우, 건전의 정의는 더욱 모호해진다. "청소년을 건전하게 육성하는 과정에서 방해가 된다"는 한마디로 대부분의 낙인과 통제가 정당화되는 모습은 전혀 낯설지 않은 장면이다. '객관적인 판단 기준'을 마련하여 '편향적인 낭설'로부터 청소년을 보호하겠다는 이야기 역시 국가의 오래된 주장으로, '중립'이라는 나름의 기준을 토대로 건전 판단에 긍정적 함의를 부여하고자 하는 관습적 노력의 일환이다. 그러나 청소년을 대상으로 한 국가의 건전 판단이 결코 중립적이지 않다는 점은 지속적으로 문제를 야기해왔다. 애국, 근로, 납세, 출산 등 사회구조의 유지와 발전을 위해 반드시 필요하다고 여겨지는 가치를 함양하는 '청소년 육성 과정'에서, 압제당하는 존재와 가치가 생겨나는 것이다.

　　'성적 주체로서의 청소년'도 국가 주도의 육성 정책으로 인해 피해를 입은 대표적인 존재 중 하나다. 국가는 사회구조의 유지와 발전에 있어서 '성적 자기결정권'을 주요한

가치로 보지 않기 때문에, 이를 최대한 억압하고 규제하려
해왔다. 이 과정에서 성적 주체로서의 모든 자기결정권은
'음란'이라는 이름의 진공된 밀실 안에 구속되었으며,
청소년은 '사회 통념'이라는 편협한 틈으로만 호흡하도록
강요받게 되었다.

　　이러한 상황 속에서 청소년 성소수자에게 주어진
선택지는 오직 두 가지뿐이다. 성소수자임을 숨기거나,
밝히거나. 전자의 경우라면 당장의 생존을 위한 호흡은
가능할지도 모른다. 그러나 계속해서 성소수자라는 사실을
숨기며 살아가야 하고, 지속적으로 비성소수자임을
'연기'해내야 하는 고통을 겪게 된다. 여기서의 '연기'란
단순히 표정과 몸짓을 활용한 '행위'가 아닌 삶의 양식 전체를
허구로 채워야 하는 '상황'에 가깝다.

　　이와 반대로 스스로 성소수자임을 밝힌다면 호흡은
불가능하다. 방법은 없다. 2000년대 초반을 기점으로 학교
공동체를 휩쓸었던 '이반검열'[2]의 광풍을 보라. 교실 내
성소수자의 존재를 고발하라고 강요하고, 지목된 청소년을
대상으로 감시와 낙인, 협박을 일삼으며 동성 간 교제를
금지하는 규정을 명문화하기까지 했던 때가 불과 10여

2　　학교 내 성소수자 색출 작업 전반을 의미한다.

년 전이다. 이때도 '건전'은 상당한 힘을 자랑하는 무기로
쓰였다. 건전한 학교생활, 건전한 이성 교제, 건전한 학내 문화
조성 등의 수식은 청소년 성소수자의 존엄을 공식적으로
찢어발기겠다는 일종의 '선전포고'와도 같은 위력을 발휘했다.

문제는 건전의 잣대가 청소년에게 유난히 가혹하게
적용되고 있다는 점이다. '민주화'로 상징되는 진보의 역사를
거치면서, 건전이라는 국가적 판단의 잣대가 개인의 자유와
권리 실현을 억압하고 있다는 문제의식은 일정 수준 이상의
사회적 공감을 이미 얻었다. 학자와 예술가, 시민운동가들을
주축으로 서적, 신문, 연극, 영화, 음악 등 다양한 매체에서
검열과 통제에 반대하는 저항운동이 벌어졌고, 그 결과
1987년 헌법 개정을 통해 양심, 사상, 학문, 예술의 자유
보장이라는 국가의 명문明文적 선언까지 이끌어낸 사실이 이를
증명한다.

그러나 모순적이게도, 청소년을 대상으로 한 건전의
악용은 현재까지도 용인된다. 연령에 따른 차등적 검열 체계가
'사회적 합의'라는 견고한 장벽 안에 존재하고 있기 때문이다.
〈선암여고 탐정단〉에 대한 방심위의 경고 처분 역시 '청소년의
건전한 육성'을 명분으로 내세우지 않았다면 불가능한
일이었다. 그렇다면 여기서 또 질문. 건전 여부를 판단하는
과정에서 '연령'이라는 기준은 과연 합리적인가.

사실 청소년에게만 유해한 소재나 매체는 존재하지 않는다.
이 사회가 높이 평가하고 공적으로 드러나도 된다고 여기는
것들만을 다루면 그것은 청소년이 접해도 되는 것으로
허용되지만, 그 기준을 넘으면 '청소년유해매체'가 될 뿐이다.
성인들에게는 유해한 것들을 유해하다고 판단하고 모방하지
않을 판단력이 있지만 청소년에게는 없다는 전제가 이런
정책을 뒷받침한다. 하지만 섹스와 범죄, 반체제와 여타 사회의
어두운 부분들을 다룬 매체는, 마냥 건전하고 '공익적'인 매체가
제공하지 못하는 쾌락과 드러내지 못하는 진실을 내포한다.
그래서 판매할 수 있는 대상이 한정되고 광고할 수 있는 범위가
좁아짐에도 불구하고 '청소년유해매체'는 계속해서 생산되고
소비되며, 기실 청소년들도 다른 경로를 통해 이용한다.[3]

건전의 저울 위에 올려진 청소년의 존재나 행위는
대부분 그 자체로서 중대한 혐의가 된다. 숙박업소에 출입해
섹스를 하는 주체가 '미성년자'이기에 불건전한 것이고,
그렇기에 마땅히 제재되어야 한다는 것이다. 그러나 의문은
여전하다. 과연 숙박업소 출입과 섹스가 "높은 수준의

---

[3] 쥬리(10대섹슈얼리티인권모임 활동가), "[미성숙 폭동] 무엇을 위한
    '보호'인가? 술, 담배, 청소년유해매체, 숙박업소 그리고 청소년", http://hr-
    oreum.net/article.php?id=2655

판단력과 성숙함"을 요구할 만한 일인가. 만일 요구할 만한 일이라면, 청소년은 그 수준에 결코 도달할 수 없는 존재인가. 숙박업소에서 청소년이 섹스를 못 하도록 제재하기만 하면 청소년의 섹슈얼리티를 둘러싼 모든 문제가 해결되는가. 그것이 아니라면, 국가가 말하는 건전과 보호의 실체는 과연 무엇인가.

보호인가 구속인가

실체를 논하기에 앞서, 또 하나의 사건을 들여다보기로 한다. 2002년 10월 15일과 12월 23일, 국가인권위원회에 진정 두 건이 각각 접수되었다. 두 진정의 요지는 "청소년보호법 시행령 [별표 1] 청소년유해매체물의 심의기준(제7조 관련) 중 '수간을 묘사하거나 혼음, 근친상간, 동성애, 가학·피학성 음란증 등 변태성행위, 매춘행위, 기타 사회통념상 허용되지 아니한 성관계를 조장하는 것'에서 동성애의 삭제를 요구한다"는 주장으로 동일했다.

진정인陳情人들은 해당 규정이 동성애를 '비정상적'인 성적 지향으로 간주하고 동성애 매체물에 대한 청소년의 접근을 차단하여 동성애자의 인권을 침해하고 있으며, 실제로 해당 규정에 근거하여 설치된 음란물 차단 프로그램이 동성애 사이트에의 접근을 차단하고 있다면서, 동성애라는 단어를

성인 전용 검색어로 지정하여 성인 인증을 받은 뒤 로그인하는
절차를 거치도록 함으로써 동성애 사이트에 대한 청소년의
접근을 차단한 것은 부당하므로, 청소년보호법 시행령이 즉각
개정되어야 한다고 밝혔다.

　　이에 대해 '청소년유해매체물' 심의 업무를 담당한
청소년보호위원회는 "해당 규정이 청소년들의 동성애 관련
정보를 원천적으로 차단하는 것이 아니므로 동성애자에
대한 인권침해가 아니다"라고 밝히면서 "청소년기는 아직
자신의 성적 지향을 결정하기에는 지식, 경험, 판단력이
완전히 성숙하지 않았음을 감안하여 이성애와 동성애에 대해
건전하고 합리적인 도움이 되는 정보 제공을 넘어선 매체물에
대해서만 청소년유해매체물로 지정하려는 것"이라고
반박했다.

　　2003년 3월 31일, 국가인권위원회는 "동성애를
사회 통념상 허용되지 아니한 성관계의 하나로 규정한
청소년보호법 시행령 [별표 1] 청소년유해매체물의
심의기준은 헌법에 명시된 동성애자들의 행복추구권,
평등권, 표현의 자유를 침해하는 것으로 인정"하여
청소년보호위원회에 해당 규정의 동성애 항목을 삭제하라고
권고'했고, 청소년보호위원회는 이를 수용했다. 동성애를
'사회 통념상 허용되지 아니한 성관계'로 규정하여 성소수자의

존재 자체를 '찬반'의 문제로 치부해온 국가의 정책적 기조에
균열을 낸 유의미한 사건이었다.

그러나 얼마 지나지 않아, 청소년보호위원회의
'인권위 권고 수용 결정'을 철회시키기 위한 혐오 선동의
그림자가 수면 위로 드러났다. 보수 개신교의 주도로 설립된
언론사 〈국민일보〉는 2004년 4월 3일 "인권위의 부적절한
결정"이라는 제목의 사설을 통해 "'청소년보호법'이라는
법 이름이 청소년은 아직 미성숙한 사회적 약자일 뿐
아니라 사회적으로 보호받아야 할 존재인데, 인권위는 이를
간과했다"면서 인권위의 청소년보호법 시행령 개정 권고에
대해 "동성애자의 인권만 고려했을 뿐 청소년의 인권은
소홀히 하고 말았다"는 악평을 내놓았다.[5]

이어서 2003년 4월 7일, 한국기독교총연합회도
'국가기관이 청소년에게 동성애를 권장하는가?'라는 제목의
성명을 발표하면서, 조직적인 성소수자 혐오 선동에 가세했다.
한기총은 성명을 통해 "청소년보호위원회는 청소년 보호라는
본분을 망각하고 청소년들의 성적 정체성 형성에 혼란을

4   국가인권위원회 제3소위원회, 2003년 3월 31일 자 02진차80, 130 결정
     〈성적지향에 의한 행복추구권등 침해〉 참조.

5   http://news.naver.com/main/read.nhn?mode=LSD&mid=sec&sid1=110&oi
     d=005&aid=0000143652

초래할 '동성애 삭제 권고 수용'을 즉각 철회하라!"는 입장을
표명하고, "일찍이 동성애로 성문화가 타락했던 소돔과
고모라가 하나님의 진노로 유황불 심판을 받아 망하였고,
성경은 동성애를 엄격하게 금하고 있다"는 견해를 밝혔다.[6]

그로부터 19일 뒤, 청소년 성소수자 한 사람이
스스로 목숨을 끊은 채 발견되었다. 그의 이름은 윤현석.
'육우당'이라는 이름으로 더 잘 알려진 인물이었다. 그는
게이라는 이유로 학교에서 심각한 괴롭힘에 시달렸고,
자신의 성적 지향을 받아들이지 못한 아버지에 의해 강제로
고등학교를 자퇴하는 아픔을 겪었다. 그럼에도 불구하고
육우당은 자신을 둘러싼 차별과 혐오에 쉽게 굴복하지 않는
강인함을 보여주었다. 시조, 수필 등의 작품으로 평등 사회에
대한 염원을 표현했고, 거리와 광장에서 다양한 형태의 차별과
혐오, 폭력에 반대하는 행동도 꾸준하게 펼쳤다.

육우당은 청소년보호법 시행령 개정을 위한
행동에도 열정적으로 참여했다. 동료 활동가들과 함께
청소년유해매체물 심의기준에서 동성애가 삭제되어야 하는
이유에 대한 글을 쓰기도 했고, 명동 한복판에서 해당 조항의
폐지를 요구하는 서명운동을 벌이기도 했다. 그랬던 육우당이

---

6   http://www.cck.or.kr/chnet2/board/view.php?id=16&code=notice02&cate

스스로 삶을 마감하게 된 결정적인 이유는 다름 아닌 한기총의 성명 때문이었다. 육우당은 자신의 일기에 "기분 나쁜 건, 보수적인 기독교 단체가 동성애자들을 마치 죽어서 지옥에나 갈 흉악한 무리인 듯 성명서를 썼다는 점이야. 정말이지 짜증 나. 예수님은 분명 원수도 사랑하라고 가르쳤는데, 그런 예수님을 믿는다는 것들이 고귀한 인권을 유린하고 마치 자기네들이 하느님인 양 설쳐대니까 말이야"라고 적었다. 그것은 분명 자신이 매일 읽는 성경의 이름으로 행해지고 있는, 성소수자 혐오 선동에 대한 좌절과 분노였다.

자신의 십자가를 진 채 세상을 떠나기 전, 육우당은 이런 문장을 남겼다. "내 한 목숨 죽어서 동성애 사이트가 유해매체에서 삭제되고 소돔과 고모라 운운하는 가식적인 기독교인들에게 무언가 깨달음을 준다면 그것으로도 나 죽은 게 아깝지 않아요." 2003년 4월 26일, 육우당은 스스로 생을 마감했다. 그리고 1년 뒤인 2004년 4월 30일에서야, '동성애'는 비로소 청소년보호법 시행령의 청소년유해매체물 심의기준 항목에서 삭제될 수 있었다.[7]

7   "10년 전 기독 청소년 '육우당'이 왜 목을 맨지 아십니까?", 2013년 4월 27일 자 〈미디어오늘〉 보도 참조, http://www.mediatoday.co.kr/?mod=news&act=articleView&idxno=109051

육우당의 죽음은 한국 사회에 만연한 '청소년 보호주의'가 오히려 청소년 성소수자를 보호하고 있지 못하다는 사실을 시사한다. 본문에서의 청소년 보호주의란 '청소년의 핵심적 속성을 보호받아야 하는 약자 또는 피해자로 보아, 비청소년을 보호의 주체에 위치시킴으로써 연령에 따른 권력관계를 확고히 설정하는 것'을 의미[8]하며, 소위 "'동성애'로부터 '우리 아이들'을 보호해야 한다"는 식의 주요한 성소수자 혐오 선동 논리에 대한 분석을 위해 사용된 개념이다.

'청소년 보호주의'의 성소수자 혐오 선동 악용은 비단 어제오늘의 문제가 아니다. 그들은 청소년의 대척점에 '동성애'를 세운 다음, '우리 아이들'이라는 이름의 순종적 존재를 등장시켜 '보호'해야 한다고 주장한다. 이때의 '우리 아이들'은 청소년을 미약한 존재로 대상화시키는 언어로, '때 묻지 않은' 절대선의 기준이다. 이와 반대로 '동성애'로 통칭되는 성소수자의 존재와 섹슈얼리티는 '동성애'로 무성의하게 통칭되어 성서와 도덕, 윤리의 '심판' 과정을 거쳐, '항문성교' '에이즈 확산의 주범' 등과 같은 악의 모습으로

---

[8]   청소년인권행동 아수나로 10주년팀,《어설픈, 하지만 망하지 않은》(청소년인권행동 아수나로, 2016), 135쪽.

편집된 채 형상화된다. 이로써 '동성애'와 청소년은 철저하게 대립된 정체성으로 규정되며, 결코 공존할 수 없는 성격의 속성으로 굳어진다.

그렇다면 청소년 보호주의 관점에서 '동성애'는 어떤 방식으로 '우리 아이들'을 위협하는가. 이들의 주장과 구호에 담긴 의미를 종합하여 분석하면 대략 이렇다. 우선 '동성애'는 '정상'이 아니다. 여기서의 "정상 아님"은 매우 특수하고 이질적이며 주변에서 좀처럼 찾아볼 수 없는 '정체불명'의 존재를 가리키는 말로, '동성애'에 대한 맹목적인 혐오와 공포를 내재화하도록 조장하는 장치다. 사회의 정상성의 범주 안에서 '화목한 가정'을 일구고자 하는 친권자에게 '정체불명'의 존재보다 위협적인 요인은 없다. 이로 인해 친권자는 '동성애'를 위협적인 요소로 인지하고, '우리 아이들'을 '동성애'로부터 지켜내야 한다는 무의식에 휩싸이게 된다. '동성애'에 의한 실제적인 위협이 없음에도 불구하고, '동성애' 자체를 위협으로 받아들여 혐오 선동에 동참하는 기현상이 초래되고 있는 것이다.

'동성애'와 청소년의 대비를 통한 혐오 선동은 다양한 성소수자의 존재를 삭제한다는 점에서 상당히 문제적이다. '동성애'가 척결의 대상으로 남는 이상, 어떤 성소수자도 차별과 혐오를 피해 갈 수 없기 때문이다. 청소년 성소수자에게 안전하지 않은 사회는 여성, 장애인, 이주민, 빈민, 철거민, 비정규직인 성소수자에게도 안전하지 않다. 물론 성소수자가 아니더라도 안전하지 않을 가능성이 높다. 성소수자에게 포용적이지 않은 사회가 다른 사회적 약자에게는 달리 포용적이겠는가.

이러한 성소수자의 존재에 대한 소거掃去는 국가정책과 맞물려 청소년 성소수자의 삶을 위협한다. 국가는 성소수자의 존재를 지우고 섹슈얼리티의 언어를 소멸시키는 정책과 제도를 양산한다. 앞서 소개한 '동성애 사이트 청소년 접근 차단 사례' 역시 그러한 예시의 하나로, 국가의 성교육이 아닌 다른 경로로의 섹슈얼리티 탐구를 금지한 조치였다.

이처럼 한국 사회에서 청소년을 대상으로 한 보호는 '위험으로부터의 안전 확보'보다 '권리 실현에의 차단'에 가까운 개념으로 통용된다. '일상 전반에 있어 권리를 실현하는 과정에서 예상되는 위협적인 요소가 많으니, 안전을 확보하기 위해 권리의 실현을 유예하거나 포기하라'는 식의 강요가 횡행한다. 때문에 국가는 청소년 성소수자의 삶을 실질적으로 위협하는 차별적인 사회제도와 혐嫌동성애적 교육, 내부 구성원에 의한 집단 괴롭힘에 집중하기보다는 '청소년 성소수자의 존재' 자체를 위협적인 요소로 규정함으로써 당사자에게 책임을 전가한다. "제도가 인간의

본질적 권리를 훼손하고 있으므로 변화해야 한다"는 주장에
대해 "존재가 제도에 부합하지 않으므로 변화의 책임은
존재에게 있다"는 식의 본말이 전도된 강변을 굽히지 않는
것이다.

국가가 청소년 성소수자의 존재를 삭제하는 정책을
펼치는 동안, 교육 현장에서의 혐오는 사실상 묵인되고 있다.
2014년 국가인권위원회가 실시한 실태 조사에 따르면, 청소년
성소수자가 교사 또는 다른 학생으로부터 성소수자에 대한
혐오 표현을 들은 경험이 각각 80퍼센트와 92퍼센트에 달하는
것으로 파악됐다. 사례로는 무조건적이고 막연한 혐오감의
표현, 성적으로 문란하다는 비난, 병리화하거나 교정할 수
있다는 표현, 조롱과 비하, 성별 이분법에 따른 언어와 성
역할의 강요 등 다양한 내용이 언급되었다. 하지만 학교에서의
혐오 표현에 대해 직접 항의한 학생은 28.5퍼센트에 불과한
것으로 나타났고, 그중 77퍼센트는 "내가 성소수자임이
드러날까 봐" 목소리를 내지 않았다고 응답했다.[9]

조사 결과가 말하고자 하는 바는 명징하다. 학교는 청소년
성소수자에게 안전한 공간이 아니다. 청소년 성소수자의

---

9   공익인권법재단 공감(연구 책임자 장서연), 〈성적지향·성별정체성에 따른 차별
     실태조사〉(국가인권위원회, 2015), 19~23쪽.

존엄은 끊임없이 위협받고 있다. 청소년 성소수자는 적합한
교육 내용도, 자신을 존중하는 시설도, 안전 확보를 위해
필요한 위기 지원 체계도, 심지어는 인권 감수성조차도
없는 공간에 "교육"이라는 이름으로 무작정 떠밀리고 있다.
단언컨대 이것은 보호가 아닌 구속이며, 동시에 국가가
이야기하는 "보호"의 실체다.

그렇기에 묻지 않을 수 없다. 국가는 청소년 성소수자를
가장 위험한 공간으로 밀어 넣으면서 "보호"를 주장하는
자신의 모순을, 당사자에게 어떻게 납득시킬 작정인가.

청소년 성소수자에게도, 나중은 없다

성소수자 인권 보장을 요구하는 목소리에 국가는 이렇게
답한다. "성소수자가 차별받아서는 안 되며, 성소수자의
인권은 존중되어야 한다. 다만 '사회적 합의'가 이루어지지
않은 상태이므로, 시기 측면의 '유예'는 불가피하다." 정치적
책임을 피하기 위해, '귀찮은 일'에 휘말리지 않기 위해,
또는 그 밖의 이유들로 인해 국가를 구성하는 많은 구성원은
성소수자 인권에 대한 입장과 판단을 '유보'하고자 한다.

하지만 기약 없는 "나중"은 현재의 "반대"를 달리 부르는
것에 지나지 않는다. 판단은 '지금 당장' 필요하다. 성소수자의
삶은 현재이고, 이들을 향한 위협 또한 현재 이루어지고 있는

일이다. 성소수자의 인권 보장을 촉구하는 목소리가 터져 나오는 시점도 지금이다.

물론 '나중'과 '반대'에 큰 의미를 부여하지 않는 이들도 있다. 이들의 입장에서 찬성과 반대는 '중요한 일이 아니다'. 중요한 자리에서, 주요 인사의 입을 통해 성소수자가 언급된 사실 자체만으로도 이들은 기쁨을 느낀다. 이러한 과정을 거쳐야만 더 빠른 속도로, 더 나은 미래를 확인할 수 있으리라는 기대가 분명하기 때문일 것이다. 그럼에도 의문은 남는다. '약속'만을 믿고 하염없이 기다려야 하는가. 설령 '약속'이 이루어진다고 해도, 온전하고 확실한 권리 실현이 보장된다고 확약할 수 있는가. 지금의 상황에서, 한국 사회가 청소년 성소수자에게 약속할 수 있는 '나중'은 과연 무엇인가.

성소수자의 생애 주기를 따라가보기로 하자. 법정 성별이 남성으로 규정된 만 18세 이상의 성소수자는 강제징병의 대상자로서, 다양성이라고는 찾아볼 수 없는 병영에서 2년 가까운 시간을 생활해야 한다. 이 시기에 같은 군인 신분의 법정 성별 남성과 합의된 성관계를 맺었다가 적발된다면, 장소와 상관없이 군형법에 의한 처벌도 감수해야 한다. 그것이 설령 군 당국에 의해 기획된 '색출 수사'라 할지라도 말이다. 만일 자신의 성별 정체성에 따라 군 입대를 하지 않으려 한다면, 성기 중심의 증명과 자기 변론 그리고 지난한 소송의 과정을 직면해야 한다.

　　여성 성소수자는 여성과 성소수자에 대한 차별, 괴롭힘으로 인해 발생하는 다중의 고통을 맞닥뜨리게 된다. 성별 표현이 법정 성별과 일치하지 않는 성소수자는 더욱 심각한 수준의 차별과 폭력에 노출된다. '여성' 또는 '남성'이라는 이름으로 가를 수 없는 성소수자가 경험하는 일상적 조롱과 낙인은 논바이너리non-binary 퀴어들을 벼랑 끝으로 내몬다. 또한 대다수의 성소수자는 파트너와 어떠한 법적 관계도 형성할 수 없고, 그로 인해 발생하는 모든 손해는 성소수자 개인이 껴안아야 한다. 전방위적인 저주는 일상이 되지만, 국가는 철저히 침묵한다. 그리고 오히려 나의 존재를 부정하는가 하면, 심지어는 나의 성적 지향과 성별 정체성을 "고칠 수 있다"고 주장하는 사람들의 행사를 위해 흔쾌히 국가 시설을 내주는 상황을 목격하게 된다. 하지만 성소수자는 1년에 한두 번 있는 퀴어문화축제를 위해 경찰서 항의 방문과 집회, 심지어는 노숙까지도 감수해야 한다.

　　이것이 한국 사회가 청소년 성소수자에게 확약할 수 있는 '나중'의 전부다. 보호는커녕 최소한의 존엄조차 보장받지 못하는 청소년 성소수자 앞에서, 국가가 호기롭게 외치는 "보호"란 덧없는 선언일 뿐이다. 혐오와 폭력에 짓눌려 무수한 청소년 성소수자가 세상을 등질 때, 이들에 대한 차별 금지의

제도화가 또다시 혐오와 폭력에 의해 가로막혔을 때, 국가는
침묵했다. 때문에 우리는 청소년 성소수자가 스스로를 규정할
수 있는 언어를 찾기도 전에 사회적 혐오와 낙인에 의해
스러져가는 모습을 목격해야만 했다.

그럼에도 불구하고 많은 사회 구성원이 국가의 '차별적
보호 선언'에 별다른 관심을 갖지 않는 것이 현실이다. 다양한
성적 지향과 성별 정체성에 대한 내용을 포함한 '포괄적
성교육'의 필요성은 바로 이러한 현실로 인해 대두된다.
현재의 성교육은 "동성애에 대한 지도는 합법적으로
허용되지 않음"과 같은 내용으로 구성된 표준안을 기반으로
이루어지고 있어서 성소수자 혐오적인 성격이 강할 수밖에
없다. 더불어 '미혼모의 학습권을 비롯한 지원 체계 이해'에
대해 교육하되 "미혼부·모는 수용되지 않아 미혼모만 사용"
등과 같은 표현을 사용하며 젠더 이분법에 기인한 성 역할을
고착화시키는 결과 역시 초래하는 상황이다.[10]

이러한 내용의 교육은 청소년 성소수자가 자신의
섹슈얼리티를 탐구하는 과정에 있어 큰 걸림돌이 될 수밖에
없다. 청소년 성소수자에게는 언어가 필요하다. 누군가를

---

10   성소수자차별반대 무지개행동, 〈2015 교육부 '국가 수준의 학교성교육표준안'에
      대한 성소수자 인권단체의 의견서: 중고등과정을 중심으로〉(SOGI법정책연구회,
      2015) 참조, http://sogilaw.tistory.com/56

사랑하거나 사랑하지 않는 사실이 '죄' '오류' '혼란'
'비정상'이 아님을 당당히 내보이며 스스로를 지킬 수 있는
적확한 언어가 필요하다. 그러나 지금의 성교육은 '시스젠더
헤테로섹슈얼 유성애자' 중심의 지극히 일부의 내용만을
다룬다는 점에서 지나치게 편협하고 고집스럽다. 또한
타인의 섹슈얼리티에 대한 이해와 존중을 갖추는 과정에
있어서도, 성소수자를 자신과 같은 '성적 주체'로 인지하지
못하도록 함으로써 성소수자에 대한 사회적 혐오와 차별을
유지시키게끔 만든다. '안 하느니만 못한 성교육'을 하고
있다는 것이다.

국가가 청소년 성소수자를 진정으로 '보호'하고자
한다면, 청소년을 성적 주체로 인지하고 그들이 스스로의
섹슈얼리티에 대해 직접 탐구와 고민을 거칠 수 있도록 가능한
한 많은 교육의 기회를 제공해야 한다. 금지와 통제 중심의
청소년 보호주의적 제도 장치로는 청소년 성소수자를 포함한
다양한 이름의 청소년을 '보호'할 수 없다. 간곡히 바라건대,
국가가 하루빨리 청소년 성소수자를 둘러싸고 있는 실질적인
위험 요소를 파악하기 바란다. 다시금 "시기상조"라고
둘러대기에는, 청소년 성소수자는 '이미' '벌써' 성소수자로서
숱한 위기를 경험하고 있으므로.

#

#성소수자를_수용했던_붓다

서울불교대학원대학교 초빙교수

2014년 4월 16일, 세월호가 침몰하는 모습을 TV 화면을 통해 생생히 지켜보았다. 서서히 가라앉는 배. 프로이트의 빙산이 떠올랐다. 주변을 맴돌기만 하고 구조를 하지 못하는 황당한 장면을 보면서 믿을 수도 이해할 수도 없었다. 어떻게든 이해가 필요했다. 그래서 나는 "희생자들이 마치 독립군 같구나! 이들의 희생으로 인해 우리나라가 다시 태어나겠구나!"라며 위로했었다. 세월호 사건이 일어나지 않았더라면, 내가 팽목항에 가지 않았더라면, 세월호 집회에 참여하지 않았더라면 나와 불자 성소수자와 만남은 이뤄지지 않았을지도 모른다.

세월호 사건 이후 나는 팽목항으로 2박 3일 동안 자원봉사를 갔었다. 그곳에서 사회적 약자에게 관심을 가진 몇몇 비구니 스님을 만났고, 한 스님으로부터 대한불교조계종(이하 조계종) 노동위원회 위원장을 소개받았다. 서울에서 개최된 세월호 집회에서 만난 그에게 나는 사회적 약자에게 관심이 있다고 말했고, 그는 내게 불자 성소수자 법회를 소개해주었다. 그들 또한 지도법사 스님 없이 법회를 봐오다 한계를 느끼고 자신들을 이해해줄 수 있는 스님을 찾고 있던 참이었다. 그렇게 인연이 되어 2015년 4월부터 법회를 맡게 되었다. 자기들끼리 15년 동안 법회를 이끌어왔다는 말을 들었을 때는 나보다도 그들이 더 수승殊勝하게 느껴졌다.

나는 자아초월상담학을 전공하긴 했으나 성소수자에 대해 무지無知했다. 장점은 선입견이나 고정관념이 없었다는 것이고, 단점은 성소수자에 대해 아는 것이 없었다는 점이다. 불자 성소수자 법회 운영진을 만나기 전에, 나는 실수하지 않으려고 동성애를 다룬 심리학 서적과 영화를 보았었다. 하지만 막상 만나 이야기를 나누다 보니 열 마디에 한 번 꼴로 "동성연애자"라는 말이 나왔다. 그러자 그들이 "스님, '동성연애자'가 아니라 '동성애자'입니다"라고 고쳐주었다. 이후에 나는 말실수를 하지 않으려고 조심했다.

그들을 처음 만났을 때가 생생하다. 막상 법회를 맡게 된다고 생각하니, 겉으로는 태연한 척했지만 내심 조금 떨렸다. 우리는 조계사 뒤편에 있는 전법회관의 한 법당에서 만났다. 불자 성소수자 법회에 처음으로 스님이 온다는 말을 들어서인지 제법 많은 사람들이 모여 있었다. 부처님오신날을 몇 주 앞둔 터라 법당 한쪽에 연등이 수북이 쌓여 있어서 좁은 법당이 더 비좁게 느껴졌다. 코앞까지 평범하게 보이는 젊은 사람들로 가득 찼는데, 하나같이 잘생긴 외모라 눈을 어디에 두어야 할지 몰라 당황했다. 젊음의 생기가 느껴졌다.

내가 스무 살 때 친한 친구가 커밍아웃을 했다. 겉으로는 쿨한 척 아무렇지 않다는 듯이 대했으나 속으로는 심장이 뛰었고, 혐오스러웠으며, 알 수 없는 두려움에 떨었다. 친구 마음이 어떠한지 물어볼 겨를도 없었다. 출가 후 까마득히 잊고 살다가 40대 중반이 되어 성소수자를 만난 자리에서 이 당황스러움은 어디에서 비롯된 것일까 생각해보았다. 그러고 보니 지금까지 학교에서나, 출가해서나, 사적 만남의 장소에서나 성소수자에 대한 이야기를 들은 적이 거의 없었다. 나는 성소수자에 대해 아는 것이 없었다. 마치 그런 사람은 이 세상에 존재하지 않는 것처럼 잊고 살았다. 성소수자 법회를 맡은 지 얼마 지나지 않아 나는 옛 친구에게 전화해 당시 내가 너무 몰라 온전히 이해해주지 못한 데 대해 사과했다. 친구는 "다 지난 일인데, 뭘"이라고 말했다.

조계종 노동위원회는 2015년 부처님오신날을 맞아 사회적 약자로 볼 수 있는 성소수자를 초대해 법회를 열었고, 2016년 부처님오신날에는 성소수자 부모를 초대해 법회를 개최했다. 그들이 불교에 거는 기대가 있음을 느낄 수 있었다. 그 무렵, 조계종 불교사회연구소에서 성소수자에 대해 연구할 때가 되었다고 판단한 것 같다. 내게 의뢰가 왔고, 그리하여 한국 종교계에서는 처음으로 성소수자에 대한 연구가 이루어졌다. 다음에 소개하는 내용은《불자성소수자가 경험하는 한국 불교》(대한불교조계종 불교사회연구소, 2016)의 연구 결과 가운데 팔리어 율장에 나타난 성소수자의 일부분을 발췌하여 수정한 것이다. 율장이란 불교 승단의 내부 규율을 기록한 것으로, 인간의 본성과 심성에 대한 자료이자 심리학·인류학·사회학·정신분석학에 있어서 귀중한 학문적 자료를 제공하고 있다.

팔리어 율장에 나타난 성소수자

성性과 관련해 붓다는 출가한 사람의 도덕적인 생활을 주로 문제 삼았지 출가하지 않은 일반인들에 대해서는 도덕적인 평가를 거의 하지 않았다. 그렇기에 재가자의 성생활은 출가자의 생활을 기록해놓은 율장律藏을 통해 짐작해볼 수 있을 따름이다.

초기 불교의 경전 체계 내에서 경장經藏이나 논장論藏은 주로 정신적인 문제를 다루지만, 율장은 신체와 그 행동에 관한 것을 다루기에 주로 육체적인 문제를 다루며 생리적인 문제까지도 아우른다는 측면에서 독특한 위상을 지닌다. 그 가운데 가장 중요한 것이 성적 욕구의 표현과 그 극복에 관한 문제, 즉 성sexuality에 대한 이해와 극복이다. 고대 인도 문헌에서는 성적 묘사를 하는 데 있어서 오늘날의 문명화된 사회처럼 그 표현에 억제가 없었기 때문에, 다소 외설적 표현이라고 생각될 수 있는 것들이 기록되어 있다. 고대 인도인들은 성적으로 꾸밈없는 언어를 사용하는 것에 대해 오늘날 우리와 같은 두려움을 갖지 않았다. 따라서 우리에게 불필요할 정도로 숨김없이 말하는 것처럼 보이는 외설과 음탕에 대한 낙인은, 실제로 율장에서 찾아보기 힘들다.[1]

　　호너Isaline Blew Horner에 따르면, 율장의 이러한 성애적인 표현의 보존에 관해서는 세 가지가 고려되어야 한다. 첫째, 일반 대중을 위해서 송출誦出되거나 기술되어서는 안 되고, 오직 순결을 맹세하고 그것을 추구하는 자들(출가하여 구족계를 받은 스님들)을 위해 송출되거나 기술되어야 한다. 둘째, 그러한 것들이 송출되고 기술되어온 동기는 충격을 유발하기 위한 것이 아니라, 청정하지 못하고 감각적인 쾌락에의 탐욕에 빠지는 것을 방지하기 위한 것이다. 셋째, 부당한 행동 유형에

---

[1]　　전재성 역주,《빅쿠비방가─율장비구계》(한국빠알리성전협회, 2015), 58~59쪽 해제 참조.

대한 믿을 수 없을 정도의 상세한 기술이 전개되는데, 그것은
일반적인 계율에서의 실제적·가능적 일탈을 상세히 묘사하여
그 일탈을 방지하려 했기 때문이다.[2]

　　붓다는 출가자의 성적 교섭을 반대하였고 금지시켰다. 그
이유에 대해 붓다는 감각적 쾌락에 대한 욕망에는 즐거움이
적고, 괴로움과 근심이 많으며, 위험은 더욱 많기 때문이라고
설하고 있다.[3] 스리랑카 출신의 모한 위자야라트나Môhan
Wijayaratna는 성관계에는 사회적인 책임과 가정적인 책임이
뒤따르고, 그로 인해 명상에 장애가 되는 번뇌를 야기하기
때문이라고 언급하고 있다.[4] 그래서인지 율장에는 수동적이건
능동적이건 음행과 성적 욕망 그리고 애착에 관한 풍부한
내용이 많은 분량을 차지하고 있다.

(1)《빅쿠비방가 ─ 율장비구계》[5]

　　율장 가운데《쑷따비방가Suttavibhaṅga: 經分別》는
《마하비방가Mahāvibhaṅga》와《빅쿠니비방가Bhikkhunīvibhaṅ

2　　앞의 책, 58~59쪽 참조.

3　　앞의 책, 1640쪽.

4　　모한 위자야라트나, 온영철 역,《비구니 승가》(민족사, 1998), 167쪽.

5　　전재성 역주,《빅쿠비방가 ─ 율장비구계》(한국빠알리성전협회, 2015)

6　　빠알리성전협회본 율장 3, 4권이며 전통적인 빠알리대장경본 율장 1, 2권에
　　해당한다.

ga)로 나뉜다. 이 가운데 《마하비방가》는 수행승(비구)[7]의
계율로서 《빅쿠비방가Bhikkhuvibhaṅga》라고도 한다. 이것이
《마하비방가》라 불리는 이유는 수행녀(비구니)[8]에게도
공통으로 해당되는 계율을 대부분 포함하고 있기 때문이다.
《쑷따비방가》의 구조는, ①학습계율[9]이나 의무계율이
만들어지게 된 성립인연담Nidāna, ②어기면 처벌을 받아야 하는
학습계율 및 의무계율Pātimokkha, ③각 의무계율의 자구字句를
해석하는 고주석古註釋, Padabhājaniya, ④요약서시를 동반하는
교도인연담Vinītavatthu으로 되어 있다.[10]

---

7   '수행승'이라고 하는 것은 '탁발하는 자'로서의 수행승, 탁발을 위해 돌아다니는
    자로서의 수행승, 분소의를 입은 자로서의 수행승, 사미로서의 수행승, 자칭에
    의한 수행승, '오라! 수행이여!'에 의한 수행승, 삼귀의에 의해 구족계를 받은
    수행승, 현선한 수행승, 진실한 수행승, 배울 것이 있는 학인인 수행승, 배울 것이
    없는 무학인 수행승, 화합참모임과 한번제안세번제청의 갈마와 부동의 거룩한
    님의 속성을 갖춘 자로서의 수행승이 있는데, 여기서는 그들 가운데 화합참모임과
    한번제안세번제청의 갈마와 부동의 거룩한 님의 속성을 갖춘 수행승을 뜻한다.
    앞의 책, 602쪽 참조. 독자를 위해 이 글에서는 문맥의 흐름에 따라 수행승이나
    수행녀 대신 일반적으로 알려져 있는 비구와 비구니라는 말을 사용할 것이지만,
    가능하면 번역자의 언어를 존중할 것이다.
8   bhikkhunī. 산스크리트어로 '빅슈니bhikṣunī'로, 한역에서는 '걸사녀乞士女'
    '근사녀勤事女'라고 하고 음사해서 '필추니苾芻尼'라고 한다. 출가하여 20세 이상이
    돼 구족계具足戒를 받은 여자를 뜻한다. 전재성 역주, 앞의 책, 535쪽 각주 참조.
9   열 가지 이유로 학습계율을 송출한다. 참모임(승가僧伽)의 수승을 위하여,
    참모임의 안락을 위하여, 악한 수행승의 조복을 위하여, 품행이 바른 수행승의
    평안한 삶을 위하여, 지금 여기에서의 번뇌의 제어를 위하여, 다가오는 번뇌를
    물리치기 위하여, 청정한 믿음이 없는 자에게 청정한 믿음을 주기 위하여, 청정한
    믿음이 있는 자의 청정한 믿음을 증대시키기 위하여, 올바른 가르침을 지속시키기
    위하여, 계율을 수호하기 위하여. 앞의 책, 601~602쪽 참조.
10 앞의 책, 52쪽.

《빠알리율장》의 빅쿠 의무계율은 저지른 죄의 무거움의
정도에 따라 8장으로 나뉘어져 있다.[11] 빅쿠 의무계율
가운데 승단추방죄Pārājika[12]법에서는 사음邪淫과 관계된
성적 교섭의 문제가 가장 중요한 것으로 다루어지고 있다.
첫 번째 학습계율[13]은 수행자의 청정한 삶에 있어서 가장
중요한 문제인 섹슈얼리티에 대한 이해와 그것의 극복을
다루고 있다. 지고한 삶을 영위하는 데 가장 방해되는 것이자
가장 중요한 것은 '성적 교섭'이었다. 성적 교섭을 삼가고
청정을 지키는 것은 재가생활에서 출가수행자의 삶으로의
전환에 필수불가결한 것이다. 그 때문에 율장은 성적 교섭을
승단추방죄법뿐만 아니라 승단잔류죄[14]법에서도 가장
중요하게 다루고, 다른 것보다 앞에 두고 특별히 상세한
분석으로써 다루고 있다. 《빅쿠비방가—율장비구계》에서는

---

11 《쑷따비방가》상권에는 빅쿠의무계율 가운데 승단추방죄법, 승단잔류죄법,
    부정죄법, 상실죄법이 실려 있고, 하권의 전반부에는 빅쿠의무계율 가운데
    속죄죄법, 중학죄법, 고백죄법, 쟁사죄법이 실려 있으며, 그 후반부에는
    빅쿠니의무계율 가운데 빅쿠니고유계율이 실려 있다. 앞의 책, 55쪽.

12 Pārājika. 한역의 '바라이波羅夷' 또는 '단두죄斷頭罪'를 뜻한다. 원래 의미는
    '피배죄敗北罪'를 뜻한다. 이는 악마와의 싸움에서 패배한 것을 뜻하지만, 좀 더
    정확히 말하면 최상의 목표인 거룩한 경지를 성취하려는 수행적 삶에서 패배한
    것을 뜻한다. 수행의 차원에서는 목표가 좌절된 패배죄보다 무서운 것은 없지만,
    전재성은 참모임과 관련시켜 구체적으로 "승단추방죄"로 번역한다. 앞의 책,
    124쪽 참고.

13 sikkhāsājīva. 원래 '학습과 삶의 규범'이라는 의미인데, 전체 문맥을 보면 '삶의
    규범'이 '계율'을 의미하므로 "학습계율"로 번역한다. 앞의 책, 130쪽 각주 참조.

다른 죄법에서의 섹슈얼리티와 관계된 계율까지 합치면 그
분량이 무려 3분의 1을 넘어선다.[15]

성적 교섭

승단추방죄법 제1조의 성적 교섭에 대한 학습계율의
내용 일부를 살펴보자.

'성적 교섭'은 부정한 짓, 비속한 짓, 저열한 짓, 추악한 짓,
밑물하는 짓, 은밀한 짓, 짝짓기가 있는데, 그것이 성적 교섭이다.
'행한다'라는 것은 성적 특징을 성적 특징에, 성기를 성기에
서로 깨알만큼이라도 집어넣는다면, 그것이 행하는 것이다.

14 saṅghādisesa. 한역에서는 '승잔僧殘'이라고 하고 음사하여
    '승가바시사僧伽婆尸沙'라고 한다. 승단잔류죄는 승단추방죄에 다음가는 무거운
    죄에 해당한다. 수행승으로서의 목숨이 남아 있어 승단에 남아 있을 수 있는 죄
    또는 처음부터 끝까지 승단이 갈마를 통해서 관여하는 죄를 말한다. 여기에는
    13개 조항(수행녀는 17개 조항)이 있는데, 성추행죄나 승단의 화합을 깨뜨리려고
    한 죄, 남을 승단추방죄로 비방한 죄 등이 승단잔류죄를 범하는 것이다. 이것을
    범하면 현전승가現前僧伽에서 격리처벌을 받고 참회를 해야 한다. 승단잔류죄
    가운데 하나 또는 여럿을 어겼으나 단 하루도—다음 날 일출 무렵까지—감추지
    않고 최소한 네 명 이상의 청정수행승들에게 알렸을 때 6일 동안 격리 수용되는
    것을 참회처벌이라 하고, 마지막 날 최소 20명 이상의 청정수행승이 참석한
    가운데 승단으로 복귀하는 것을 출죄복귀라고 한다. 하루 이상 숨겼을 때는 첫날
    네 명 이상의 청정수행승이 참석한 가운데 알리면, 숨긴 날짜만큼 격리 생활을
    해야 하고 추가로 참회처벌, 즉 6일 동안의 격리처벌을 받으면 마지막 날 최소
    20명 이상의 청정수행승이 참석한 가운데 출죄복귀가 이루어진다. 앞의 책,
    28~29쪽 참조.
15 앞의 책, 56쪽.

'축생과 함께조차도'라는 것은 축생의 여성과 함께조차 성적
교섭을 행하면, 그는 수행자가 아닌 것이고, 싸끼야(석가)의
아들이 아닌 것인데, 하물며 인간의 여인과는 말해 무엇
하겠는가. 그러므로 '축생과 함께조차도'라고 하는 것이다.
'승단추방죄를 범하는 것'이란 예를 들어 남자가 목이 잘려
몸통으로 살 수 없는 것과 같이, 수행승이 성적 교섭을 행하면
수행자가 되지 못하고 싸끼야의 아들이 되지 못한다는 뜻이다.
그 때문에 승단추방죄라고 한다. '함께 살 수 없다'는 것은 함께
삶이라는 것은 동일한 갈마, 동일한 설계를 지니고 함께 사는
것을 함께 삶이라고 하는데, 그와 함께 살지 않는 까닭에 '함께
살 수 없다'라고 한다. '세 가지 여성'이라는 것은 인간의 여성,
비인간의 여성, 축생의 여성을 뜻한다. '세 가지 양성'이라는
것은 인간의 양성, 비인간의 양성, 축생의 양성을 뜻한다. '세
가지 빤다까'라는 것은 인간의 빤다까, 비인간의 빤다까, 축생의
빤다까를 뜻한다. '세 가지 남성'이라는 것은 인간의 남성,
비인간의 남성, 축생의 남성을 뜻한다.[16]

이어서 붓다는 비구가 인간의 여성과 세 가지 방식(항문,

---

16   앞의 책, 150~151쪽.

성기, 구강)으로, 비인간[17]의 여성과 세 가지 방식으로, 축생의
여성과 세 가지 방식으로, 인간의 양성과 세 가지 방식으로,
비인간의 양성과 세 가지 방식으로, 축생의 양성과 세 가지
방식으로, 인간의 빤다까와 두 가지 방식(항문, 구강)으로,
비인간의 빤다까와 두 가지 방식으로, 축생의 빤다까와 두
가지 방식으로, 인간의 남성과 두 가지 방식으로, 축생의
남성과 두 가지 방식으로, 비인간의 남성과 두 가지 방식으로
각각 성적 교섭을 행한다면 승단추방죄를 범하는 것이라고
설하고 있다. 여기에서 일반적으로 알려진 성적 대상으로
여성과 남성 외에 양성과 빤다까를 그리고, 성적 교섭의 길로
성기 외에 항문이나 구강에 대해 언급하고 있다. 여기에서
인상적인 것은 항문이나 구강을 성기에 비해 더 하열한
기관이라고 폄하하거나 문제 삼지 않고 나란히 두고 있는
점이다.

    율장에서는 성적 교섭에 대해서 자세하고 구체적인
정황을 묘사하고 있는데, 예를 들어 비구의 적대자들이 인간의
여성(또는 깨어 있는 인간의 여성, 잠든 인간의 여성, 술 취한 인간의 여성,
정신착란된 인간의 여성, 방일放逸한 인간의 여성, 죽었지만 아직 파괴되지

---

17   amanussa. 비인간非人間에는 신·야타·나찰·다나바·건달바·긴나라·마호라가
등이 있다.

않은 인간의 여성, 죽었지만 대체로 파괴되지 않은 인간의 여성, 죽어서 거의

파괴된 인간의 여성, 비인간의 여성 외에 약 198종류의 정황)을 비구의

앞으로 데리고 와서 그녀의 항문(또는 성기, 혹은 구강)에 그의

성기를 들어가게 할 경우에 승단추방죄인지 무죄인지를

구별하고 있다. 각각의 정황과 방식마다 성기를 ①적용適用

시에, ②삽입 시에, ③유지 시에, ④인발引拔 시에 비구가 동의를

하였는지, 그리고 각각의 때에 즐거움을 느꼈는지에 따라

죄를 구분하고 있다. 네 가지 때(時)에 어느 한 지점에서라도

동의하여 즐거움을 느꼈다면 승단추방죄에 해당하지만,

동의하지 않고 즐거움을 느끼지 않았다면 무죄다.[18] 율장에는

성적 교섭의 길을 세 가지, 즉 항문과 성기 그리고 구강으로

설명하고 있는데, 이 세 가지 길 가운데 어느 것이 특별히

문제가 되는 길이라고 특정하지는 않고 있다.

빤다까pandaka

빤다까는 어원적으로는 불분명하지만 '알이 없는

사람apa-anda-ka', 즉 "고환이 없는 자"에서 유래된 것이라고

해석할 수 있다. 붓다고싸Buddhaghosa[19]는 빤다까를 다섯 가지

---

18   전재성 역주, 앞의 책, 151~514쪽 참조.

19   5세기 전반에 활약한 인도의 불교학자.

유형으로 분류하고 있다. 첫째는 '뿜어내는 빤다까āsittapaṇ
ḍaka'로 다른 남성의 성기를 입으로 빨아 사정에 이르게
함으로써 자신의 욕망을 해소하는 자인 동성애자, 둘째는
'시샘하는 빤다까usūyapaṇḍaka'로 다른 사람의 성행위를 지켜보며
질투심으로 자신의 욕망을 해소하는 자인 관음증 환자, 셋째는
'야기되는 빤다까opakkamikapaṇḍaka'로 어떤 특수한 수단으로써
자신의 정액을 분출시키는 자인 자위행위자, 넷째는 '보름간의
빤다까pakkhapaṇḍaka'로 과거의 업력으로 인해 음력 한 달 가운데
절반인 2주간만 빤다까가 되는 자, 다섯째는 '남성이 아닌
빤다까napuṃsakapaṇḍaka'로 임신 순간부터 남성성이 결여된
자를 뜻한다. 이 빤다까의 출가를 율장에서 금지시키는
것은 동성애나 유사 성행위로 교단의 질서가 파괴되는 것을
염려했기 때문이다.[20]

《밀린다팡하》310은 빤다까를 자웅동체 인간과
마찬가지로, 비록 그들이 올바르게 수행하고 있다고
하더라도 다르마法의 이해에 도달하는 데는 정신적으로
방해받은 사람들 가운데 있다고 본다.[21] 마찬가지로
《아비달마구사석론》에서 바수반두는 빤다까를 '오염의

20   전재성 역주, 앞의 책, 151쪽 각주 참조.
21   피터 하비, 허남결 역,《불교윤리학 입문—토대, 가치와 쟁점》(씨아이알, 2014),
      760쪽.

장애'에 지배되는 것으로 보는데, 이 때문에 그들은
만성적이고 지속적인 오염으로 고통받는다. 이는 빤다까가
고상한 길로 들어가는 통찰력을 얻거나 이를 준비하는
행동들을 하지 못하도록 방해를 받는다는 것을 의미한다.
바수반두도 빤다까와 양성구유 인간은 통상적인 좋은
일들(관대한 행위와 같은 것)을 할 수 있는 반면, 그들은
규율samvara이나 무규율indiscipline 가운데 어느 한쪽을 실행할 수
없다고 주장하고 있다.[22]

　　그러나 율장에 다양한 종류의 빤다까가 등장하는 점으로
보아 승단 초기에는 이들도 출가하는 데 큰 무리가 없었던
것으로 보이고, 출가 후에 '문제가 발생했을 때' 또는 '문제가
발생했기 때문에' 율장에 등장하는 것으로 짐작할 수 있다.
또한 이 일이 계기가 되어 이들의 정식 출가수행을 막았던
것으로 보인다.

남성 동성애

　　승단추방죄 가운데 동성애에 대한 내용을 살펴보면,
비구가 잠자는 비구를—또는 비구가 잠자는 사미[23]를, 사미가
잠자는 비구를, 사미가 잠자는 사미를—범하는 도중에 깨어난

22　　앞의 책, 761쪽.

자가 동의하여 즐거움을 느낀다면 양자가 멸빈滅擯(승단에서
추방)되어야 하고, 깨어난 자가 동의하지 않아 즐거움을
느끼지 않는다면 폭행자가 멸빈되어야 한다. 그리고 알지
못했거나, 동의하지 않아 즐거움을 느끼지 않거나, 정신이
착란된 자이거나, 마음이 심란한 자이거나, 애통하는 자이거나
초범자인 경우에는 무죄라고 설하고 있다.[24]

승단추방죄에 해당하지는 않지만 동성애를 시사하는
율장의 다른 내용을 살펴보면 아래와 같다.

한때 베쌀리 시에 릿차비족 청년들이 비구를 붙잡아 빤다까와
음행하게 하였다. 양자가 함께 동의하여 즐거움을 느꼈다면,
비구는 멸빈되어야 한다. 비구가 동의하지 않아 즐거움을 느끼지
않았다면, 비구는 무죄이다.[25]

---

[23] sāmaṇera. 한역에서는 음사해서 '사미沙彌'라고 한다. 수행승이 되기 이전의
      도제승徒弟僧으로 10계를 받은 7세 이상 20세 미만의 출가한 남자를 말한다.
      전재성 역주,《빅쿠비방가 — 율장비구계》(한국빠알리성전협회, 2015), 1352쪽
      참조.

[24] '정신이 착란된 자'는 담즙 등의 이상으로 약물로 치료해야 하는 기질적
      정신질환자를 말하고, '마음이 심란한 자'는 야차 등의 귀신이 들려 불이나
      황금이나 똥도 똑같이 짓밟으며 돌아다니는 분열적 정신질환자를 말한다.
      '애통하는 자'라는 것은 정도를 넘는 고통으로 아파해서 아무것도 모르는 자를
      말한다. 앞의 책, 516쪽.

[25] 앞의 책, 535쪽.

한때 어떤 수행승(비구)이 온욕실에서 친교사[26]의 등을 마사지하다가 정액을 사정하였다. 그에게 후회가 생겨났다.

수행승: '나는 승단잔류죄를 범한 것이 아닐까?'

그 사실을 세존께 알렸다.

세존: "수행승이여, 그대는 어떠한 생각을 했는가?"

수행승: "세존이시여, 저는 사정의 의도가 없었습니다."

세존: "수행승이여, 사정의 의도가 없었으면 무죄이다."[27]

위의 상황을 보면, 비구의 동의 여부와 즐거움을 느꼈는지 여부에 따라 멸빈이 되거나 무죄가 된다. 또한 비구가 사정할 의도가 없었는데도 사정하였다면 무죄이지만, 사정의 의도를 가지고 정액을 사정하고 나서 후회가 생겼다면 승단잔류죄를 범한 것이다. 그리고 사정의 의도를 가지고도 정액을 사정하지 않았고 곧 후회가 생겼다면 승단잔류죄가 아니라 추악죄[28]를 범한 것이라고 설하고 있다. 따라서 동성애를 시사하는 상황에서 가장 중요한 것은 의도로 보이고, 의도가 있었으나

---

26 upajjhāya. 가정교사나 후견인과 같은 스승으로, 출가시키고 구족계를 줄 수 있는 법랍 10년 이상의, 제자를 둘 자격이 있는 스승을 말한다. 한역에서는 음역하여 '화상和尙, 和上', 우리나라에서는 흔히 '은사恩師'나 '계사戒師'라고 한다. 앞의 책, 134쪽 각주 참조.

27 앞의 책, 797쪽.

28 duṭṭhulla. 거친 죄. 승단추방죄와 승단잔류죄를 범하려다가 미수로 끝난 죄를 뜻한다. 앞의 책, 29쪽.

사정하고 곧 후회가 생겼다면 현전승가에서 격리처벌을 받고
참회를 해야 한다.[29]

만일 불교 교단 안에서 동성애가 비난을 받았다면
그것은 동성과 성행위를 하였다는 사실 때문이 아니라
계율로 금지된 성행위 일반을 즐겼다는 사실에서 비롯되는
문제로 받아들여야 한다. 즉, 불교는 깨달음의 달성에 장애가
되는 그릇된 욕망의 대표적 상징인 성행위(동성애도 포함됨)를
금기시한 것이지 특정한 신체 부위를 사용하는 동성애
행위만을 별도로 거론한 적은 없다는 말이다.[30]

아상가 틸라가라트네Asaṅga Tilakaratne는 붓다는 어쩔
수 없는 상황이 도래하기 전까지 율의 규칙들을 제정하지
않았으며, 승가의 초기 20년 동안에는 어떤 통제적인 율의
규칙들도 없었고, 대신 제자들은 부처의 가르침 자체에 의해
인도되었다고 전해진다 말한다. 그는 승단추방죄법 제1조에
등장하는 수딘나(쑤딘나)의 사례[31]는 승가에서 일어난 최초의
심각한 사건이었다고 생각한다.[32]

29   앞의 책, 797쪽.

30   허남결, 〈동성애와 불교의 입장―역사적 사례와 잠정적 결론〉, 《불교연구》
28호(2008), 262쪽.

성 변환(트랜스젠더)

초기 불교 경전들은 어떤 사람의 성을 생生과 생

사이에서뿐만 아니라, 하나의 생 안에서도 변할 수 있는

어떤 것이라고 말하고 있다.[33] 비구나 비구니의 성이 중간에

바뀌는 경우, 그 사람에 대해서는 자비롭게 해결되었다.

율장에 의하면, 그 비구니는 더 이상 비구니 승가에 있을 수가

없어서 새롭게 비구로서 구족계를 받았다. 마찬가지로 어떤

비구가 성적으로 여성이 되었을 때, 그는 비구니 구족계를

다시 받아야 한다.[34] 두 사례에서 붓다는 이를 받아들이는

것으로 보이는데, 다만 전에 비구였던 비구니는 비구니의

---

31 사실 수단나가 그의 전처와 성행위를 할 수밖에 없었던 상황이었음은 명백하다.
    그는 부유한 집안의 외아들이었다. 아들을 잃고 싶지 않았던, 그리고 자기들의
    막대한 재산이 상속자 없이 사라지는 것을 보고 싶지 않았던 그의 부모는
    처음에는 승가에 들어가려는 그의 결심을 돌이키려고 노력하였다. 그것이
    실패하자 그들은 수단나가 부모를 만나러 처음 집에 왔을 때 다시 돌아오라고
    꼬드겼다. (중략) 이러한 모든 노력이 실패하자, 그의 어머니는 적어도 집안에
    후계자는 만들어놓아야 한다고 간청했고, 수단나는 그것을 받아들일 수밖에
    없었다. 결과적으로 그는 아이를 낳을 목적으로 그의 처와 성관계를 맺었던
    것이다. 실제 그의 처는 이로 인해 임신하였다. 그때까지만 해도 이러한 성격의
    행위를 금지하는 규칙은 없었다. 율에는 그가 이러한 행위에 따르는 불이익을
    알지 못하였다고 적혀 있다. 그러나 깊은 후회로 묘사되는 그의 뒤이은 행동은
    그가 마음속으로 죄책감을 느끼고 있음을 보여준다.

32 아상가 틸라가라트네, 〈승려의 성적행위는 왜 금지되었는가—상좌부 율(律)의 첫
    번째 바라이(波羅夷)를 중심으로〉, 《불교평론》 9(3)(2007), 24쪽.

33 피터 하비, 허남결 역, 《불교윤리학 입문—토대, 가치와 쟁점》(씨아이알, 2014),
    751쪽.

34 모한 위자야라트나, 앞의 책, 179~180쪽. 전재성 역주, 앞의 책, 520쪽 참조. 피터
    하비, 앞의 책 751쪽.

규칙을 따라야 하고, 전에 비구니였던 비구는 비구의 규칙을 따라야 한다고만 말할 뿐이다.[35] 주석서를 보면 어떤 사람의 성은 임신의 순간에 결정되지만, 후에 바뀔 수 있는 것으로 여겨진다.[36] 성 변환의 원인은 본질상 업과 관련된 것으로 보인다. 《담마빠다》의 주석서는 한 비구에게 성적으로 끌린 남성이 즉시 여성으로 변한 일에 대해 말하고 있다. '그녀'는 결혼을 하여 아이를 낳고 난 후, 다시 남자로 돌아와 그 비구에게 용서를 구한 다음 계속 정진하여 아라한이 된다.[37]

(2) 《빅쿠니비방가—율장비구니계》[38]

초기 비구니 승가의 대중 가운데는 기혼녀들이 많았다. 비구니가 되기 위해 그들은 결혼 생활을 포기해야만 했고 모든 음행을 금해야 했다. 그렇다고 해서 승가에서 비구니들에게 음행하지 말 것을 강요했음을 의미하는 것은 아니다. 실제로 불不음행에 대한 맹세 같은 것은 없었다. 성적 충동을 억제할 수 없는 데다 그러한 생각조차 억누를 수 없는 비구니가 있다면 언제든지 사문沙門 생활을 포기하면 된다. 비구가

---

35 피터 하비, 앞의 책, 751쪽.

36 *Atthasālinī*—Buddhaghosa's commentary on *Dhs*.(Th.); (tr. Pe. Maung Tin), *The Expositor*, 2vols., London, PTS, 1920 and 1921.

37 피터 하비, 앞의 책, 751~752쪽.

38 전재성 역주, 《빅쿠비방가—율장비구계》(한국빠알리성전협회, 2015)

의무적으로 자신의 의도를 분명히 밝히고 환속해야 하는 것과
달리 비구니들은 필요할 때 언제든지 자유롭게 승가와 계율을
벗어날 수 있다. 이것에 대해 모한은 여성이 가지는 심리적인
면을 고려해서 비구니가 조용히 승가를 떠날 수 있도록 배려한
아주 유용한 조치였다고 평가하고 있다.[39]

그러나 비구니가 환속 후에 다시 출가를 원했을 때나,
이교도異敎徒에 귀의했다가 다시 돌아왔을 때 붓다는 "수행녀가
배움을 포기하지 않았더라도 환속하면, 그 결과로 수행녀가
아니다" "수행녀가 가사를 입은 채 이교로 귀의하면, 그녀가
다시 돌아오더라도 구족계를 주어서는 안 된다"며 모두
허락하지 않았다.[40] 이 점은 비구의 재출가를 허락한 것과는
차이가 있다.

비구니 승가에서 음행에 관한 금지 조문은 가장
중요한 조문으로 정해졌다.《빅쿠니비방가──율장비구니계》
속죄죄법(바일제波逸提)[41] 제74조에는 인조 음경에 대한
학습계율을 설하고 있다. 전에 궁녀였던 비구니가 출가
후에도 인조 음경을 사용하는 일이 있었고, 이 일을 비구들과

39   모한 위자야라트나, 온영철 역,《비구니 승가》(민족사, 1998), 165~168쪽 참조.

40   전재성 역주,《쭐라박가──율장소품》(한국빠알리성전협회, 2014), 1049~1050쪽
      참조.

41   pācittiya. 한역으로는 '바일제波逸提'. 속죄해야 하기 때문에 '속죄죄'라고 한다.
      전재성 역주,《빅쿠니비방가──율장비구계》(한국빠알리성전협회, 2015), 30쪽 참조.

비구니들이 알게 되어 비난한다. 이에 붓다는 "인조 음경을 사용하면, 속죄죄를 범하는 것이다"라고 계율을 정한다. 그러나 질병 때문인 경우이거나, 정신착란자이거나 초범자인 경우에는 무죄다.[42] 실제로 인조 음경을 사용하여 동성애가 이뤄졌는지는 알 수 없으나, 혼자 사용하거나 갖고 있는 것만으로도 사람들의 비난을 샀기 때문에 문제가 되었다.

여성 동성애

《빅쿠니비방가―율장비구니계》속죄죄법(바일제波逸提) 제73조에는 두 비구니들이 욕구불만으로 괴로워하다가 내실에 들어가 손바닥으로 때리기(마촉摩觸, 접촉을 즐기는 것)를 하였다. 이때 비구니들이 그 소리에 달려와서 두 비구니에게 "왜 그대들은 남자와 음행을 하는 것인가?"라고 묻는다. 두 비구니들은 자신들이 남자와 음행을 하는 것이 아니라고 말했으나 다른 비구니들은 이들을 비난했고, 붓다는 '손바닥으로 때리기'라는 것은 접촉을 즐기는 것으로서 연잎으로라도 은밀한 곳의 때리기를 하면 속죄죄를 범하는 것이라고 설하고 있다. 이때에도 질병 때문인 경우나, 정신착란자이거나 초범자인 경우에는 무죄다.[43]

---

42   앞의 책, 1566~1568쪽 참조.

제101조에는 비구니 둘이서 한 침상을 함께 사용하지 못하도록 규정하고 있다. 사람들이 정사를 순례하다가 비구니 둘이서 한 침상을 사용하는 것을 보고 "마치 감각적 쾌락의 욕망을 누리는 재가자와 같다"며 비난하는 일이 생겼다. 이 일이 붓다에게 알려지자 붓다는 "그 수행녀(비구니)들은 적절하지 않고, 자연스럽지 않고, 알맞지 않고, 수행자의 삶이 아니고, 부당하고, 해서는 안 될 일을 행한 것이다"라며 그에 걸맞게 경책하여 법문을 하고 "어떤 수행녀들이든 둘이서 한 침상을 함께 사용하면, 속죄죄를 범하는 것이다"라며 참회하도록 한다. 그리고 제102조에는 비구니 둘이서 한 욕피褥被(덮개—이불—이자 옷)를 함께 사용하는 것도 위와 같은 이유로 사용하지 못하도록 하고, 만약 사용하면 속죄죄를 범하는 것이라고 규정하고 있다.[44]

율장에는 이 두 조문이 만들어진 이유를 한 침대와 이불을 사용하던 비구니들을 사람들이 비난했던 일 때문이라고 밝히고 있다. 물론 이 비구니들의 행동이 전혀 음행적인 것이 아닐 수도 있다. 그러나 사람들 눈에는 두 비구니가 한 침대에서 자는 것이 여법如法하게 보이지 않았다. 사람들에게

43   앞의 책, 1564~1566쪽.
44   앞의 책, 1639~1644쪽 참조.

비난거리를 주지 않는 편이 더 좋았다.[45]

계속해서 속죄죄법 제160조에서 제163조까지 마사지에 대한 학습계율을 정하고 있다. 그 대상은 비구니들이 비구니들로 하여금, 비구니들이 정학녀(식차마나)[46]들로 하여금, 비구니들이 사미니[47]로 하여금, 비구니들이 재가녀들로 하여금 각각 주무르게 하고 마사지하게 하면 속죄죄를 짓는 것이기 때문에 참회해야 한다. 예외 사항으로, 질병이 걸리거나, 사고가 일어난 경우이거나, 정신착란자이거나 초범자인 경우에는 무죄다.[48] 이 사실을 안 붓다는 이참에 비구니 승가를 불러 모아 다음과 같이 확인하고 가르친다.

세존: "수행승들이여, 수행녀들이 수행녀들로 하여금 주무르게 하고 마사지하게 한 것이 사실인가?"

---

45   모한 위자야라트나, 앞의 책, 180~181쪽.

46   sikkhamānā. 한역의 '정학녀淨學女' 또는 '식차마나式叉摩那'다. 20세 이전의 여자 출가자 가운데 20세 이전의 2년간은 "정학녀"라 하고 그 이전은 "사미니"라고 한다. 여자 출가자가 20세 이후에 출가했다 해도 구족계를 받기 전 2년 동안 견습하는 기간을 거쳐야 한다. 여기서는 이 기간의 출가 여인을 말한다. 전재성 역주,《빅쿠비방가—율장비구계》(한국빠알리성전협회, 2015), 535쪽 각주 참조.

47   sāmaṇerī. 한역에서는 '근책녀勤策女'라 하고 음사해서 '사미니沙彌尼'라고 한다. 20세 이전이 여자 출가자 가운데 20세 이전 2년간은 "정학녀(식차마나)"라 하고 그 이전은 "사미니"라고 한다. 앞의 책, 535쪽 각주 참조.

48   전재성 역주,《빅쿠비방가—율장비구계》(한국빠알리성전협회, 2015), 1805~1814쪽 참조.

수행승들: "세존이시여, 사실입니다."

세존: "수행승들이여, 그 수행녀들은 적절하지 않고, 자연스럽지 않고, 알맞지 않고, 수행녀의 삶이 아니고, 부당하고, 해서는 안 될 일을 행한 것이다. 수행승들이여, 어찌 수행녀들이 수행녀들로 하여금 주무르게 하고 마사지하게 할 수 있단 말인가? 수행승들이여, 그것은 아직 청정한 믿음이 없는 자를 청정한 믿음으로 이끌고, 이미 청정한 믿음이 있는 자를 더욱 더 청정한 믿음으로 이끄는 것이 아니다. 수행승들이여, 그것은 오히려, 아직 청정한 믿음이 없는 자를 불신으로 이끌고, 이미 청정한 믿음이 있는 자 가운데 어떤 자들을 타락시키는 것이다."[49]

《빅쿠비방가──율장비구계》와《빅쿠니비방가──율장비구니계》에서 오늘날 성소수자라고 불리는 사람들, 즉 레즈비언, 게이, 양성애자, 트랜스젠더의 사례가 나타나는 것을 살펴보았다. 이러한 점을 보면 불교 승단에 이들도 일반 사람들과 똑같이 출가해 수행하였다는 것을 알 수 있다.

49   앞의 책, 1086쪽.

(3) 《쭐라박가──율장소품小品, Cullavagga》[50]

성소수자 차별

한때 여섯 무리의 학인비구들에 의해 잠자리를 얻지
못하고 나무 밑에 있는 싸리뿟따를 붓다가 발견하고
법랍[51]이나 승랍 연장자를 공경해야 한다는 가르침을 설한다.
이때 붓다는 인사를 받을 수 없는 열 종류의 사람들[52]에 대해서
비구들을 모아놓고 설하는데, 열 종류의 사람들 가운데
빤다까가 포함되어 있다.[53]

50 　빠알리성전협회본 율장 제2권, 전통적인 빠알리대장경본 율장 제4권에
　　해당. 열두 개의 다발犍度, Khandhaka로 이루어져 있다. 부처님의 깨달음
　　이후에 승가의 크나큰 기본 틀이 구족계와 포살과 안거와 자자 그리고 주요한
　　일상생활을 규정하는 의약의 조달, 의복의 제조, 승단 회의와 승단 분열을
　　중심으로《마하박가》에서 시설되었다면, 승가에서 발생하여 점증하는
　　일상적 문제를 해결하기 위한 승단 회의의 구체적인 처벌 조항의 적용과
　　승단 분규의 해결에 대해 규정해야 할 필요에 의해, 일상적으로 일어날
　　수 있는 사소한 일에 대한 규정을 시설한 것이 바로《쭐라박가》다. 그래서
　　《쭐라박가》는 '사소한 품小品'이라는 뜻을 지니고 있다. 전재성 역주,《쭐라박가──
　　율장소품》(한국빠알리성전협회, 2014), 52쪽.
51 　초기 교단에서는 승랍이나 법랍의 차이가 확연치 않은데, 우리나라의 경우 승랍은
　　출가 이후의 세차歲次를 말하고 법랍은 구족계를 받은 이후의 세차를 말한다. 앞의
　　책, 787쪽 각주 참조.
52 　①앞서 구족계를 받은 자에게서 뒤에 구족계를 받은 자가 인사를 받을 수 없고,
　　②아직 구족계를 받지 않은 자, ③다른 주처에 살며 연장자일지라도 가르침이
　　아닌 것을 설하는 자, ④여인, ⑤빤다까, ⑥격리처벌을 받은 자, ⑦가중처벌을 받고
　　있는 자, ⑧참회처벌을 받아야 할 자, ⑨참회생활을 실행하는 자, ⑩출죄복귀를
　　받아야 할 자 등은 인사를 받을 수 없다. 앞의 책, 787~788쪽.
53 　앞의 책, 782~788쪽 참조.

또 비구들이 우빨리로부터 계율을 배우는 자리에서, 한 평상이나 한 의자에 많은 사람들이 앉아 평상이나 의자가 망가지는 일이 일어났다. 그래서 붓다는 두 명이 한 평상과 한 의자를 사용해도 좋다고 허용하는데, 비구들이 자리를 함께할 수 없는 자들과 긴 평상에 함께 앉는 것을 주저하는 경우가 있었다. 그래서 붓다는 "빤다까와 어머니를 죽인 자와 남녀추니를 제외하고 자리를 함께할 수 없는 자들과도 함께 앉는 것을 허용한다"[54]고 설한다. 그 밖에 정사의 수리일과 관련해서도 빤다까와 남녀추니가 차별적인 대상으로 묘사되고 있다.[55]

(4)《마하박가──율장대품大品, Mahāvagga》[56]

남성 동성애와 양성애

석가족 출신 장로인 우빠난다upananda에게 깐따까Kaṇṭaka와 마하까Mahaka라는 두 사미가 있었다. 그들은 서로 동성애를 행했고 그로 인해 비구들이 혐책嫌責하고 분개하며 비난했다. 그래서 붓다는 "한 수행승이 두 사미를 거느려서는 안 된다"는

54 앞의 책, 800~802쪽.
55 앞의 책, 807~818쪽.

율을 정했고, 만약 거느린다면 악작죄가 된다고 설하고 있다.[57]
그러나 싸리뿟따가 '한 수행승이 두 사미를 거느려서는 안
된다'는 것 때문에 라홀라 외의 다른 사미를 받아들일 수
없다고 하자, 붓다는 "총명하고 유능한 수행승은 훈계하며
가르쳐서 섬기도록 노력하는 한, 혼자서 두 사미를 거느리는
것을 허용한다"고 수정한다.[58]

결국 사미 깐따까Kaṇṭaka는 비구니 깐따까Kaṇṭakā와의
음행으로 승단에서 추방되었다.[59] 당시 사미 또한 순결을
지켜야 하고 비구니를 능욕하면 멸빈의 대상이 되었다. 여기에
등장하는 사미 깐따까Kaṇṭaka는 사미와도 음행을 했고 비구니를
능욕한 것으로 보아 양성애자라고 볼 수 있을 것이다.

《마하박가─율장대품》에는 구족계를 받아서는 안 되는
자 가운데 빤다까에 대해 언급하고 있다. 한때 어떤 빤다까가

---

56 빠알리성전협회본 율장 제3권에 해당.《마하박가》는 열 개의 다발犍度,
Khandhaka로 이루어져 있다.《마하박가》는 율장에 속하긴 하지만 오히려
경장과 유사한 측면이 있고, 이《마하박가》와《디가니까야》의〈대반열반경〉을
합하면, 부처님에 대한 가장 신뢰할 만한 원형적인 생애와 가르침이 복원된다.
《마하박가》는 승가의 기본 틀을 구족계와 포살과 안거와 자자 그리고 주요한
일상생활을 규정하는 의약의 조달, 의복의 제조 그리고 마지막으로 승단 회의와
승단 분열에 관련된 제규로서 시설한다.《마하박가》는 율장과 경장을 연결하는
다리 역할을 한다. 전재성 역주,《마하박가─율장대품》(한국빠알리성전협회,
2014), 52쪽.
57 앞의 책, 234~235쪽 참조.
58 앞의 책, 244~245쪽.
59 앞의 책, 248~249쪽.

출가를 했고, 그는 젊은 비구들에게 다가가 자신을 범해달라고
요청했다. 비구들이 거절하자 덩치가 큰 사미들에게 다가가
자신을 범해달라고 요청한다. 이들 역시 거절하자 이번에는
코끼리 부리는 사람과 말을 다루는 사람에게 다가가 자신을
범해달라고 요청했다. 그래서 그들이 그를 범하였다. 그러나
코끼리 부리는 사람과 말을 다루는 사람들이 오히려 승단을
비난하자 붓다는 빤다까에게 구족계를 주어서는 안 되며, 이미
주었다면 멸빈되어야 한다고 설하고 있다.

빤다까: "오시오, 존자들께서 나를 범하시오."
수행승들이 거절하였다.

(중략)

코끼리 부리는 사람들 등: "이 수행자 싸끼야의 아들들은
빤다까다. 그들 가운데 빤다까가 아닌 자들이 빤다까를 범한다.
이처럼 그들은 모두 청정한 삶을 살지 않는다."
수행승들은 코끼리 부리는 사람과 말을 다루는 사람이 험책하고
분개하고 비난하는 것을 들었다. 그리고 그 수행승들은 세존께
그 사실을 알렸다.
세존: "수행승들이여, 아직 구족계를 받지 않은 빤다까에게
구족계를 주어서는 안 된다. 이미 구족계를 받은 빤다까는
멸빈되어야 한다."[60]

출가 후에 빤다까와 남녀추니가 성적 문제를 일으키는
일이 발생하자 그들은 승단에서 추방되었고, 이후로 빤다까와
남녀추니는 구족계를 받아서는 안 되는 사람들[61]이 된 것으로
보인다. 또한 빤다까나 남녀추니를 친교사로 삼은 자들에게
구족계를 주면 악작죄가 된다.[62]《마하박가─율장대품》에는
출가시켜서는 안 되는 자의 서른두 가지 유형[63]을 설명하는데,
여기서 빤다까와 남녀추니는 제외되어 있다.

성소수자에 대한 양가적 태도

포살布薩[64]을 위해 모일 때 아픈 비구가 참여하지 못하게

---

60   앞의 책, 249~250쪽.

61   《마하박가─율장대품》에는 빤다까 외에도, 구족계를 받지 않고 도둑처럼 들어와
       함께 사는 자, 축생, 어머니를 살해한 자, 아버지를 살해한 자, 거룩한 님을 살해한
       자, 여래의 몸에 피를 낸 자, 남녀추니 등은 구족계를 받아서는 안 되며 이미
       받았다면 멸빈되어야 한다고 설하고 있다. 앞의 책, 250~256쪽.

62   앞의 책, 257~258쪽.

63   손이 잘린 자, 발이 잘린 자, 손과 발이 잘린 자, 귀가 잘린 자, 코가 잘린 자, 귀와
       코가 잘린 자, 손가락이 잘린 자, 손발톱이 잘린 자, 힘줄이 잘린 자, 뱀 후드 모양의
       손가락을 지닌 자, 곱사등이, 앉은뱅이, 갑상선종, 낙인이 찍힌 자, 태형을 받은
       자, 죄상이 방부에 적힌 자, 상피병에 걸린 자, 악질에 걸린 자, 대중을 모욕한
       자, 애꾸눈이 자, 사지가 굽은 자, 절름발이, 반신불수, 불구자, 노약자, 봉사인
       자, 귀머거리인 자, 눈이 멀고 벙어리인 자, 귀머거리고 벙어리인 자, 눈이 멀고
       귀머거리이고 벙어리인 자 등이다. 만일 이들을 출가시키면 악작죄가 된다. 앞의
       책, 260~264쪽. 그 밖에 출가시켜서는 안 되는 사람으로 다섯 가지 질병에 감염된
       사람들(나병, 종기, 습진, 폐병, 간질), 왕의 신하, 도적의 표상인 강도, 감옥을 부순
       도적, 방부에 적혀 있는 도적, 태형을 당한 자, 낙인 형을 당한 자, 빚진 도둑, 노예
       등이 있다. 앞의 책, 221~234쪽.

되면 다른 비구에게 자신의 청정권리를 신체적(언어적,

신체적·언어적)으로 알리면 청정권리가 위임된다. 그러나

이때에도 빤다까와 남녀추니라고 자인하는 경우에는 다른

사람에게 위임을 해야 한다.[65] 그러나 만약 청정권리를

위임받고 승가에 도착한 뒤에는 그가 빤다까나 남녀추니라고

자인하더라도 청정권리는 전해진 것이 된다.[66] 포살 외에

갈마[67]나 자자[68]에도 마찬가지로 적용된다.[69] 이때 빤다까와

남녀추니는 사미나 배움을 포기한 자, 권리가 정지된 자,

---

[64] 이교도인 유행자들이 보름 기간 중 제14일, 제15일 그리고 제8일에 함께 모여
      가르침을 설했는데, 이것이 사람들에게 호감을 얻는 계기가 되자 마가다국의
      쎄니야 빔비싸라 왕이 부처님께 권청하였고, 이를 부처님이 허용함으로써 불교에
      채용되어 포살을 하게 되었다. 처음에는 포살 기간에 모여 말없이 앉아만 있다가
      가르침을 설하게 되었다가, 최종적으로 의무계율의 송출이 주된 의식으로 자리
      잡았다. 한 수행승이 대표로 227계를 송출하면서 각 계율에 대해서 청정한지를
      묻는 의식은 수행승들이 저지른 죄든 인지하게 하는 효과를 갖고 있었다.
      그러므로 그들의 침묵은 계율의 관점에서 '청정권리'를 확보하는 것이었다. 그
      포살은 당연히 지정학적으로 무한히 확장될 수 없으므로 일정한 경계 안에서
      사는 수행승들 사이에서만 이루어질 수밖에 없다. 이때의 경계를 '포살결계'라
      한다. 그리고 포살에서의 의무계율 송출의 한계—수행녀, 정학녀 사미, 사미니,
      학습계율을 거부하는 자, 극악죄를 저지른 자, 권리 정지를 처분 받은 자 등이
      참석한 자리에서 이루어져서는 안 된다—가 있다. 앞의 책, 54~55쪽.

[65] 앞의 책, 311~314쪽.

[66] 앞의 책, 316~317쪽.

[67] 승가의 공식적인 법적 절차를 밟아서 의식이나 의례나 범계犯戒를 처리하는
      것. 이 갈마에서 가장 중요한 것은 사안의 중대성에 따라 처리하는 세 가지 의결
      방법이 있다는 점이다. 앞의 책, 26~27쪽 참조.

[68] pavāraṇa. 한역으로 의역하여 '자자自恣'라고 한다. 안거의 마지막 날에 안거 기간
      동안 지은 죄를 고백하고 참회를 하는 모임이다. 앞의 책, 405쪽 각주 참조.

[69] 앞의 책, 318~324쪽, 410~418쪽.

부모를 살해한 자 등과 같이 위임하기 적절하지 않은 대상으로
묘사되고 있다.

붓다는 우기 중에 안거에 드는 것을 허용하고 있고, 안거
중에는 유행을 금지시켰다.[70] 그러나 안거 기간에 수행자들이
그 처소에서 계속 지내는 것이 '위험하다'고 판단[71]될 때는
안거를 파기하더라도 무죄다. 위험 요소 가운데 빤다까와
남녀추니가 안거에 든 비구를 초대하여 비구의 청정한
삶을 위협하는 경우, 안거를 파기하더라도 무죄다.[72] 사문
생활에서는 유혹하거나 유혹당하지 않도록 서로 조심해야
했다.[73]

지금까지 팔리어 율장에 나타난 성소수자에 대한 사례를
살펴보았다. 앞에서 살펴본 것처럼, 팔리어 율장에 의하면
승단 초기에는 동성애자, 성 변환자, 양성애자, 빤다까 등도
일반인들과 똑같이 출가하여 공동체에서 함께 생활했다.

---

70   앞의 책, 368쪽.
71   예를 들어 알맞은 음식을 얻지 못하는 경우, 알맞은 의약을 얻지 못하는 경우,
     알맞은 믿음으로 섬기는 자를 얻지 못하는 경우, 여인(기녀, 과년한 처녀, 친족,
     국왕, 도둑, 악인 등)이 초대하여 "존자여, 오십시오. 그대에게 금화(황금, 토지,
     황소, 암소, 남자 하인, 여자 하인, 딸, 아내, 다른 아내 등)를 주겠습니다"라고
     말하는 경우 외에도 다양하다. 앞의 책, 387~392쪽.
72   앞의 책, 387~392쪽.
73   모한 위자야라트나, 온영철 역, 《비구니 승가》(민족사, 1998), 178쪽.

이러한 붓다의 결정을 통해 짐작할 수 있는 것은 이들에 대한 어떠한 차별도 없었다는 점이다. 초기 경전에 의하면 성소수자만을 대상으로 하는 설법 장면이 보이지 않는데, 이 점도 이들에 대해 특별히 차별하지 않았다는 간접적인 증거가 될 수 있다.[74]

카베존Cabezón은 성소수자에 관한 불교의 논의에 대해 '중립적neutral'이었다고 평가하거나[75] '양가적ambivalent'이었다고[76] 주장한다. 그는 '본질적 중립성'이야말로 불교로 하여금 서로 다른 문화의 성도덕에 적응하는 것을 가능하게 만들었다고 보는데, 결과적으로 불교의 태도는 동성애에 대한 비난으로부터(동성애에 대한 박해는 옹호하지 않음) 용서, 그리고 일본에서처럼 적극적인 찬양에 이르기까지 다양한 모습을 띠고 있다.[77]

불교학자 안옥선은 서구 중심적 인권 개념의 근본적

74   효록, 〈불자 성소수자가 경험하는 한국 불교에 대한 현상학적 연구〉,《불교학연구》
       48호(불교학연구회, 2016), 338쪽.

75   허남결, 〈동성애와 불교의 입장—역사적 사례와 잠정적 결론〉,《불교연구》
       28호(2008), 261~262쪽.

76   Cabezón, J., ed.,(1993), "Homosexuality and Buddhism", in A. Swidler(ed),
       Homosexuality and World Religions, Valley Forge, Penn., Trinity Press
       International, p. 82. 피터 하비, 앞의 책, 771쪽에서 재인용.

77   Cabezón, J., 앞의 책, p. 82. 피터 하비, 앞의 책, 771쪽에서 재인용.

문제점—반反상생적·이기적 등—을 지적한 바 있다.[78] 그녀는 불교의 인권을 인간의 범위를 넘어서 동물 존중과 온 존재에 대한 존중의 개념으로 확장하여 이해하는 한편,[79] 고정관념을 버리는 데 있어서는 '인권에 관한 다양한 목소리에 귀 기울이고 이것을 인권 내용으로 수용, 포용해가는 것'도 한 방법으로 보았다.[80] 이러한 맥락에서 불교는 성소수자 문제에 있어서도 인권의 발전적인 흐름 속에서 그들 및 가족의 고통에 관심을 기울임으로써 보다 큰 차원의 인권적 관점을 가지고 접근해 나가야 한다.

붓다가 살았던 기원전 500여 년 전은 현대보다 신분 제도가 더 엄격하고, 사회적 차별도 무성하던 시기였다. 그럼에도 붓다는 뿌리 깊은 카스트제도마저 뛰어넘어, 출가를 원하는 사람이라면 성과 사회적 신분을 초월하여 누구나 수용함으로써 승단의 한 구성원으로서 공동체 생활을 하는 것을 허락했다.

인류는 진화하고 있다. 붓다가 열반에 든 지 2,500여 년이 지난 우리 사회는 사회적 약자를 대하는 입장과 태도가 얼마나

---

[78] 안옥선,《불교와 인권》(불교시대사, 2008), 24~26쪽.

[79] 앞의 책, 8~9쪽.

[80] 앞의 책, 394쪽.

성장하고 발전했는가!

최근 세월호가 뭍으로 올라왔다. 녹으로 얼룩지고 여기저기 찢긴 모습이 마치 우리 사회의 어두운 면을 보는 것 같아 가슴이 시리다. 상처가 치유되고 새 살이 돋기 위해서는 가렵고 아픈 시간을 필요로 한다. 우리나라 성소수자 인권 문제도 이제 세월호처럼 빛을 보기를 희망한다.

⁂ **참고자료**
효록, 〈불자 성소수자가 경험하는 한국 불교—남보다 한 가지 고민을 더 가지고
있는 사람들의 이야기〉(대한불교조계종 불교사회연구소, 2016)

#

#성소수자_LGBT(Q)

1판 1쇄 찍음 2018년 1월 31일
1판 1쇄 펴냄 2018년 2월 7일

지은이 강병철 백조연 이주원 오승재 효록
펴낸이 안지미
편집 박성근 최장욱 박승기
디자인 한승연
제작처 공간

펴낸곳 알마 출판사
출판등록 2006년 6월 22일 제406-2006-000044호
주소 우. 03990 서울시 마포구 연남로 1길 8, 4~5층
전화 02.324.3800 판매 02.324.2844 편집
전송 02.324.1144

전자우편 alma@almabook.com
페이스북 /almabooks
트위터 @alma_books
인스타그램 alma_books

ISBN 979-11-5992-043-1 세트
        979-11-5992-134-6 (04300)

이 책의 내용을 이용하려면 반드시 저작권자와 알마 출판사의 동의를 받아야 합니다.
이 도서의 국립중앙도서관 출판시도서목록CIP은 서지정보유통지원시스템 홈페이지
http://seoji.nl.go.kr와 국가자료공동목록시스템 http://www.nl.go.kr/kolisnet에서
이용하실 수 있습니다. CIP제어번호: 2018001797

알마는 아이쿱생협과 더불어 협동조합의 가치를 실천하는 출판사입니다.

종이 표지 CCP 250g/㎡ 본문 중질지 70g/㎡